Daniel Bogner

Liebe kann nicht scheitern

Daniel Bogner

Liebe kann nicht scheitern

Welche Sexualmoral
braucht das 21. Jahrhundert?

HERDER

FREIBURG · BASEL · WIEN

für
Felizitas
Constanze
Nikolaus

Die Bibeltexte sind entnommen der
Einheitsübersetzung der Heiligen Schrift
© 2016 Katholische Bibelanstalt GmbH, Stuttgart
Alle Rechte vorbehalten

Satz: Daniel Förster, Belgern
Herstellung: GGP Media GmbH, Pößneck

Printed in Germany

ISBN Print 978-3-451-39850-6
ISBN E-Book (E-PUB) 978-3-451-83985-6

Inhalt

Das letzte Wort ist noch nicht gesprochen ...

Diese Zeilen schreibe ich, während um mich herum die Welt auseinanderfällt. Gerade ist die Corona-Pandemie überwunden, da macht sich mit dem russischen Angriffskrieg gegen die Ukraine mitten in Europa ein gewissenloser Imperialismus breit. Der Terrorismus der Hamas und ihr Vernichtungswille über Israel lösen Wellen eines nicht mehr vermuteten Antisemitismus aus. In der Gesellschaft findet immer weniger wirklicher Dialog statt und die Politik verschanzt sich in unversöhnlichen Lagern. Und über allem: die Klimakrise, die wir doch eigentlich mit vereinten Kräften angehen müssten, dieses allein ist Herausforderung genug ...

Mein Eindruck ist: Viele Menschen empfinden die Gegenwart als eine Situation äußerster Zerrissenheit, die ihnen alles abverlangt. Zunächst einmal nach außen – man ist besorgt um die Stabilität der eigenen Existenz oder die der eigenen Kinder. Deren Zukunftsaussichten sind durchwachsen, wenn man auf Jobsicherheit und wirtschaftliche Aussichten blickt, aber auch weil die natürlichen Lebensgrundlagen derart kaputtgewirtschaftet worden sind, wie langsam den meisten deutlich wird. Und auch nach innen. Viele Menschen sind existenziell verunsichert: Wie lässt es sich eigentlich leben mit dem Gefühl, dass um uns herum so viel auseinandertreibt und das verloren zu gehen droht, was blumig als »gesellschaftlicher Zusammenhalt« bezeichnet und beschworen wird? In einer solchen Situation macht sich eine Sehnsucht des Menschen bemerkbar, die es immer schon gibt.

Es ist die Sehnsucht nach Zugehörigkeit, Nähe, Getragen-Sein und Solidarität. Eine Sehnsucht, die auch ein Bedürfnis ausdrückt, das den Menschen ausmacht: Wir sind Beziehungswesen und könnten auf uns alleine gestellt nicht überleben. Unsere gegenwärtige Welt, die momentan derart in Umbrüchen zu stehen scheint, lässt diese Sehnsucht besonders stark werden. »Liebe« ist ein Wort für diese Sehnsucht nach Zugehörigkeit, Nähe und Getragen-Sein. Es ist aber mehr als das. Liebe ist auch eine Vision dafür, wie die Antwort auf diese Sehnsucht aussehen könnte: dass wir in der Lage wären, Verbindungen zu knüpfen, die tragen und die bleiben. Und darüber hinaus: dass das Verbindungen sind, die uns im Innersten unserer selbst berühren und abholen. Verbindungen, die uns spüren lassen: Ich bin gemeint, nicht nur eine Seite von mir oder etwas, das ich kann oder leiste. »Liebe«, so die Hoffnung, schafft dann ein Verbunden-Sein, das stärker ist als die Kräfte, welche unseren Wunsch eines gelingenden Lebens bedrohen. Liebe ist die einzige Kraft, die dem Tod entgegentreten kann, so beschwören es Literaturgeschichte und Weltreligionen – und genau das ist die Erfahrung vieler Menschen. Liebe hält im Sein. Wo und wann könnte man dies dringender gebrauchen als in unserer auseinanderberstenden Gegenwart?

Ich bin Theologe. Oh je, werden manche vielleicht sagen. Gibt's nicht bessere Perspektiven und Hintergründe, um über die Liebe zu schreiben? Hat nicht das Christentum ein ziemlich belastetes Verhältnis zu allem, was Liebe, Sex und Beziehung anbelangt? Es gut zu meinen, das wird man der Religion eventuell zugestehen, aber dann kam ja oftmals doch nichts Gutes dabei heraus – so denken viele, wenn es um das Verhältnis von Religion und Liebesleben geht. Und es ist ja richtig: Der Katholizismus hat nur zu oft ein obsessives Verhältnis zum Sex an den Tag gelegt, er wollte ihn mit allerlei Instrumenten regulieren, reglementieren, in Schach halten. Dass sich Menschen entweder abwenden oder jedenfalls nicht viel vom Christentum erwarten, wenn es um ein für sie sehr bedeutsames Lebensthema geht, liegt auf der Hand.

Dass in den vergangenen Jahren bekannt wurde, in welch unermesslichem Ausmaß Menschen ausgerechnet im Raum der Kirche zu Opfern sexueller Gewalt wurden, ist bodenlos. Es entzieht einer Religionsgemeinschaft, der es um die Würde des Menschen und seine je individuelle Wertschätzung geht, ihre Glaubwürdigkeit. An der theologischen Fakultät im schweizerischen Fribourg, wo ich seit vielen Jahren mit Freude tätig bin, stößt man auf ein ganz besonders perfides Beispiel solchen Missbrauchs. Über lange Zeit war dort ein Ordenspater als Professor tätig, der später eine der sogenannten »Neuen Geistlichen Gemeinschaften« gründete und in dieser Rolle systematisch Frauen sexuell missbrauchte. Er konstruierte eine »Theologie der körperlichen Liebe« und schrieb sich als Priester damit den Auftrag zu, die Liebe Jesu Christi zu vermitteln, indem er Frauen, die er angeblich geistlich begleitete, sexuell ausnutzte. Es ist die Kernschmelze des Christentums. Die Botschaft von der Liebe wird instrumentalisiert, um die Menschenwürde anderer mit den Füßen zu treten.

Solche Verbrechen sind der paradoxe Reflex einer langen Tradition der Verdrängung und einer verengten Sichtweise des Christentums auf Liebe und Sexualität. Nicht von den Möglichkeiten und Ressourcen her dachte man, sondern von den Gefahren und Risiken, der Sorge, die an sich wertzuschätzenden »Güter der Schöpfung« könnten missbraucht werden. Es fand eine Fixierung auf sogenannte »irreguläre Situationen« statt, in die Menschen geraten, wenn sie die Liebe nicht nach den engen Kirchenregeln leben. Natürlich kann man die Lebenskraft der Sexualität und die Verantwortung einer liebenden Beziehung missbrauchen, und dafür sollte jede und jeder sensibel sein. Aber bei so einer einseitigen Betrachtung gerät aus dem Blick, was eigentlich viel wichtiger ist – dass Liebe, Begehren und Sexualität eine Quelle sein können, aus der Menschen schöpfen, um ein erfülltes Leben zu führen.

Mein eigener Ansatzpunkt für dieses Buch ist deswegen nicht der Blick auf mögliche Defizite und vermeintliche Irrwege. Für mich ist eine Neugier leitend – danach, wie sich in Liebe und liebendem Begehren Spuren eines geglückten Menschseins finden lassen; eine Neugier danach, wie wir besser damit umgehen können, dass das Lieben oft so schwierig ist und wir den Eindruck haben, damit zu scheitern. Mein Ausgangspunkt ist die Überzeugung, dass wir nicht zu schnell vom »Scheitern« des Liebens sprechen sollten. Besser wäre es zu sehen, dass Menschen immer an Grenzen stoßen, weil das eben zum Menschsein gehört. Und dass es ehrlich ist zu sagen: Liebe ist ein kühnes Projekt, der Versuch, den Himmel zu greifen, der Wunsch, das Unmögliche möglich zu machen. Aber ehrlich ist es auch zu akzeptieren: Liebe kann nicht alles.

Wenn man das sieht, erkennt man auch den Zusammenhang von Glauben und Lieben. Mit beidem geht man aufs Ganze und damit ins Risiko. Wenn ich zuvor davon gesprochen habe, wie vergiftet und verkrampft die Religion auf Liebe und Sexualität reagiert, so ist das nur die halbe Wahrheit. Denn viele Menschen, die Schmerz, Leid und Verlust erfahren, finden ausgerechnet in ihrem persönlichen Glauben die stärkste Quelle, um für diese Lebensherausforderung Kraft zu schöpfen. Es gibt offenbar einen Zusammenhang, der viel tiefer und bedeutsamer ist, als man auf den ersten Blick vermutet, und der auch von den Irrwegen der religiösen Institutionen nicht gänzlich verschüttet werden konnte. Beides, der religiöse Glaube und das zwischenmenschliche Lieben rühren an etwas Existenzielles, sie aktivieren etwas, worin Menschen sich elementar ausdrücken, mit ihrem Geist, ihrer Seele und ihrem Körper. In Glaube und Liebe begegnen sie anderen – einem Gott, einer geliebten Person – und sie spüren und erfahren dabei auf kaum überbietbare Weise sich selbst. Grund genug, sich nicht so sehr an den Fehlern, Sackgassen und Sklerosen einer verknöcherten Tradition abzuarbeiten, sondern nach vorne zu schauen.

Ich schreibe dieses Buch nicht nur als Theologe und »Wissender«, sondern – viel wichtiger – als Mensch, der auf seinem bisherigen Weg selbst Erfahrungen gemacht hat. Es sind Erfahrungen großen Glücks: erfüllende Liebe, Wege in Vaterschaft und Familienleben, liebendes Beieinandersein in den Herausforderungen des Lebensweges. Es sind auch Erfahrungen des Stolperns, des verzweifelten Suchens nach möglicher Gemeinsamkeit und der Entscheidung zu getrennten Lebenswegen. Erfahrungen des Schmerzes und der Verwundung. Und dann sind es Erfahrungen der Suche danach, wie Neues möglich sein kann und wie sich Verantwortung inmitten sich ändernder Lebenssituationen ausbuchstabiert. Schon länger steht mir immer wieder die Herausforderung vor Augen, als Vater auch meinen Kindern vermitteln zu wollen, dass man liebender, sehnender und ein sich darin entwickelnder Mensch ist und dass diese Dimension unseres Menschseins aktiv gestaltet werden will. Das kann einen ziemlich fordern, wenn das Leben keine geraden Wege nimmt. Aber ich begreife es auch als ganz große Chance, als genau die Aufgabe, vor der Eltern immer schon stehen.

Wenn ich daran zurückdenke, wie ich selbst im Raum von Glaube und Religion mit den Themen Sexualität und Liebe konfrontiert wurde, ist meine Antwort: Ich habe zwar selbst nicht ausdrücklich »toxische« Botschaften über diese Themen mitbekommen. Es war aber etwas anderes, das vielleicht ebenso vergiftet ist, nämlich ein »klingendes Schweigen«, mit dem diese Themen belegt wurden. Dieses Schweigen kann »sprechend« sein und macht sich bemerkbar, etwa wenn es im religiösen Raum überhaupt keine Adresse gibt, die sich irgendwie angesprochen fühlt, in einen kompetenten Dialog treten kann oder auch nur das Signal senden würde: Ja, Liebe, Leib und Begehren, das alles gehört dazu! Oder wenn man durch tausenderlei indirekte Signale beständig mitgeteilt bekommt, wofür Platz auf dem Feld von Religion und Glaube ist und wofür nicht. Fast schon körperlich konnte ich solche Ausblendungen spüren, und sei es an der künstlichen Art und Weise, wenn dann doch hier und da in Religionsunterricht oder pastoralem Angebot über die Frage gesprochen wurde, »wie Partnerschaft gelingt« ... Die Unvertrautheit, dieses Künstlich-Gestellte, dass man, wenn schon, eher abstrakt-befangen von »der Sexualität« als einfach vom Sex redete, zählte hierzu. Zu spüren war generell der Abstand meiner religiösen Herkunft zu einer der wichtigsten Lebensquellen, die es gibt – es hat mich eine Zeit gekostet, um mir darüber erst einmal klar zu werden und um die anerzogene Scham und Fremdheit dann zur Seite zu legen.

Ich habe dieses Buch geschrieben, weil ich davon überzeugt bin, dass es zum Thema Religion und Liebe noch anderes gibt als nur Sprachlosigkeit, Scham und Schweigen. Vielleicht denkt der eine oder die andere: Da wird aber schnell hin- und hergewechselt zwischen »Liebe«, »Beziehung« und »Sex«. Ja, das ist so – weil es in der Sache liegt. Ich möchte keine neue »Lehre« vorlegen und ich argumentiere auch nicht in erster Linie dafür, eine überlieferte religiöse Tradition zu retten. Mein Ausgangspunkt ist das, was so viele Menschen erleben: Wir sehnen uns danach zu lieben, wir wollen unsere Liebe oftmals in einer dauerhaften Beziehung leben und wir empfinden Sexualität als eine, vielleicht als die wichtigste Sprache solcher Liebe. Das ist die große Herausforderung für so viele. Darum geht es mir. Ich will damit nicht sagen, dass nicht auch anderes vorkommt, Sexualität ohne die direkte Entscheidung zu dauerhafter Beziehung etwa. Und ich will das schon gar nicht abwerten oder für illegitim erklären.

Die religiöse Tradition hat oft zweigeteilt: Hier die »gute« Liebe, dort der, na ja, eben irgendwie auch existente Sex. Ich lehne diese problematische, oft nicht offen ausgesprochene, aber im Stillen wirksame Unterscheidung ab. Denn es lässt sich nicht leugnen: Wo wir als Menschen sind, ist Körper. Und wo Körper ist, ist Sexualität. Es gibt keinen Raum menschlichen Miteinanders, in dem nicht auch Sexualität wäre. Wir Menschen »passieren« als Körper – sei es in Abstoßung, Anziehung oder Gleichgültigkeit. Mit diesem Körper haben wir ein wundervolles »Instrument«, um uns auszudrücken, in tausend Sprachen und vielen Registern ... Wir müssen es aber zu spielen wissen, und oft überraschen uns seine Melodien und Einsätze. Dafür braucht es einen verantwortungsvollen Umgang – mit meinem Gegenüber und auch mit mir selbst. Vor dem Nachdenken über Verantwortung aber stehen Anerkennung und Wertschätzung. Ich glaube, dass das letzte Wort zum Thema Liebe, Sex und Religion noch nicht gesprochen ist ...

1.
All in. Warum wir lieben wollen

»Ich liebe dich.«
»Lieber Gott, ich bitte dich ...«
»Hast du mich eigentlich noch lieb?«
»Gott ist die Liebe.«
»Die Liebe ist uns zerbrochen, einfach abhandengekommen ...«

Wer wollte das nicht: lieben? Und wer braucht das nicht: geliebt zu werden? Keine stärkere Kraft scheint es zu geben, die uns mehr in Beschlag nimmt, die uns mehr fordert und mehr fasziniert als die scheinbare Superpower der Liebe. Eine Grundschwingung des Daseins, eine Kernkraft, ohne deren Kettenreaktionen wir nicht leben könnten. Unser Alltag ist gepflastert mit Bildern, Visionen und Versprechungen der Liebe. Wir lieben es, uns ineinander zu verlieben, und wir kämpfen darum, aus Verliebtheit Liebe werden zu lassen. Scheitern wir daran, stehen wir in der Regel wieder auf. Wir lieben trotz so vieler Enttäuschungen und wollen gelingen lassen, was so oft misslingt. Liebe ist uns nah und fern zugleich. Sie geschieht und fällt über uns, und auch wenn wir sie festmachen, in eine Lebensform gießen, entgleitet sie uns. Dann wieder schaffen wir es, das Gleichgewicht zu halten, ein Stück weit über die Zeit zu kommen mit dem, wofür wir uns entschieden haben. Und selbst dann gibt es die Momente, in denen jede:r sich fragt: Was lebe ich denn da eigentlich? Ist es wirklich das, was ich so sehr brauche und suche – eine Kraft, ein Sehnen, ein Wollen, ein Ziel: die Liebe?

Lieben heißt: aufs Ganze gehen ...

Mir scheint manchmal, wir sprechen über etwas, das niemand so richtig beschreiben kann und das schon gar niemand beherrscht. Über das aber umso mehr geredet wird, vielleicht sogar gerade deshalb. Wer wüsste nicht, wie gut es tun kann, mal eine Romanze zu schauen und nicht den Krimi oder Thriller? Sich Geschichten erzählen zu lassen darüber, wie es funktionieren könnte mit dem, was wir Liebe nennen? Ein wahrer Sehnsuchtsbegriff scheint das zu sein – von allen bemüht, aber kaum auf den Punkt zu bringen. Niemand hat das Copyright auf die Liebe und dennoch spüren wir, in welchen Kontexten der Begriff für uns passt und nicht durch einen anderen ersetzt werden kann. Zwei Kontexte möchte ich nennen: »Kinder brauchen Liebe« und »Gott liebt dich, so wie du bist«. In diesen beiden Sätzen passt nichts besser als die »Liebe«, und mit ihr schwingt ganz viel von dem mit, was unser Leben ausmacht: Entschiedenheit und Annahme, Füreinanderdasein, dauerhaft und stabil ... Es ließe sich noch vieles hineinlesen in diese uns so geläufigen Aussagen. Sie beschreiben, besser: *um*schreiben, was die Wirkungen von Liebe sind, wie sie sich ausdrückt und wie wir sie spüren können. Und ich meine: Beide Aussagen vermitteln etwas davon, was ich den *utopischen* Charakter der Liebe nenne.

Wer liebt, rechnet nicht. Lieben heißt zu geben, ohne zu kalkulieren, was dafür zurückkommt. Wer liebt, verschenkt sich und kann spüren, wie diese gebende, sich verschenkende Beziehung zur geliebten Person etwas in einem selbst auslöst, das man weder fassen noch wirklich angemessen beschreiben kann. Etwas, das einen sogar näher zu sich selbst führen kann. Der jüdische Philosoph Martin Buber hat das einmalig beschrieben: Der Mensch wird am Du zum Ich. Sich zu verlieren und zugleich zu gewinnen, sich zu verschenken und genau darin nicht zu verarmen, sondern die Chance zu sehen, reich beschenkt zu werden, das sind die scheinbar widersprüchlichen Erfahrungen der Liebe. Und wie viele Menschen lassen sich darauf ganz und gar ein, trauen diesem Boden, obwohl er doch so ungesichert ist?! Risiko ohne Garantie, Wagnis ohne überschaubares Kalkül ...

Wenn Menschen sich dieser Kraft, die wir Liebe nennen, hingeben, dann tun sie etwas, was ich hier umgangssprachlich ausdrücken möchte: Sie gehen aufs Ganze. Tun und Streben zielen auf mehr, als man wirklich erwarten darf. Aber das stört nicht. Offenbar ist irgendwo im Menschen eine Idee vom Ganzen, von einem Ganzsein und vom Ganzwerden. Und das Lieben scheint ein Weg zu sein, der dorthin führt. Mit Utopie meine ich genau das. Wer liebt, glaubt, dass es noch nicht alles gewesen sein kann mit dem, womit wir uns täglich herumschlagen. Wer liebt, ahnt, es könnte noch mehr geben, und vor allem spürt er oder sie: Ich kann selbst etwas dafür tun, um dem näher zu kommen. Ich liebe und fühle mich irgendwie beteiligt an der Umwandlung dieser Welt in eine bessere. Ich liebe und kann damit etwas dafür tun, das Zerrissene zumindest ein Stück zusammenzuhalten, Heilung beginnen zu lassen. Eine Perspektive zu schaffen und Hoffnung zu spüren!

... aber wir haben es nicht ganz in der Hand

An den Beginn dieses Buches möchte ich also eine These stellen. Eine These, der ich zutraue, mir ein gutes Stück weiter voranzuhelfen. Ich versuche, auf den Punkt zu bringen, was die Liebe im Kern ausmacht: *Lieben heißt, aufs Ganze gehen.* Etwas angehen, was eigentlich gar nicht aufgehen kann. Ins Endlose und Unendliche ausgreifen. Das Ganze suchen und sich nicht damit abfinden, dass man nie alles haben kann. Genau darin liegt die »schattige Rückseite« der Liebe und des Liebens. Menschen machen die Erfahrung, dass ihr Tun und Wirken unvollkommen bleibt, auch in der Liebe. Und hier tut es eben besonders weh, weil es ums Ganze geht. Weil wir als ganze Personen, eben existenziell involviert sind. Wir lieben und werfen alles hinein, was uns zur Verfügung steht. Alles zu geben, und es reicht doch nicht, diese Erfahrung schmerzt. Und doch ist sie so prägend für unser Menschsein.

Philosophie und Sozialtheorie sprechen in diesem Zusammenhang von der »Kontingenz« des Daseins. Der Begriff wird häufig in Verbindung mit dem Konzept der Notwendigkeit verwendet. Er bezieht sich auf Ereignisse, Zustände oder Tatsachen, die weder notwendig noch unmöglich sind, sondern aufgrund bestimmter Bedingungen oder Umstände eintreten können. In der philosophischen Perspektive geht es darum, zwischen kontingenten und notwendigen Aussagen oder Ereignissen zu unterscheiden. Eine kontingente Aussage ist wahr, aber sie könnte auch falsch sein, abhängig von den gegebenen Umständen. Ein Beispiel dafür ist die Aussage »Es regnet heute«. Diese Aussage kann wahr sein, wenn es tatsächlich regnet, aber sie kann falsch sein, wenn die Sonne scheint.

In der soziologischen Perspektive bezieht sich der Begriff »Kontingenz« auf soziale Phänomene, die nicht vorherbestimmt oder unvermeidlich sind, sondern von verschiedenen Faktoren und Handlungen abhängen. Soziale Strukturen, Institutionen oder Regeln können als kontingent betrachtet werden, da sie durch menschliches Handeln und Entscheidungen geformt werden und sich im Laufe der Zeit verändern können. Kontingente soziale Ereignisse oder Entwicklungen geschehen nicht zwangsläufig, sondern können ganz unterschiedliche Ausprägungen annehmen, je nach den gegebenen Umständen und den Handlungen der Akteure, nach deren Absichten und Launen. Der Begriff »Kontingenz« dient also dazu, die dramatische Komplexität und Verschiedenheit der Welt und der sozialen Wirklichkeit anzuerkennen. Er betont, dass nicht alles einfach vorherbestimmt ist, sondern dass es Raum gibt für verschiedene Möglichkeiten und eben auch für Zufälliges. Diese Überlegungen haben für mich eine wichtige Funktion. Sie helfen dabei zu sehen, dass nicht alles in unserer Macht steht. Dass wir, bei aller Verantwortung und allem Einsatz, nicht vollständig in der Hand haben, was daraus wird.

Das kann man auf unterschiedlichen Ebenen sehen. Ein Beispiel ist die Berufswahl. Die Entscheidung, welchen Beruf man ausüben möchte, ist ein Beispiel für die Kontingenz menschlichen Handelns. Es gibt keine vorherbestimmte oder unausweichliche Antwort auf diese Frage. Die Antwort darauf hängt von individuellen Interessen, Fähigkeiten, Werten, äußeren Umständen und ganz persönlichen Entscheidungen ab. Und sie unterliegt immer wieder Korrekturen, die ebenfalls »umständehalber« bedingt sind. Meine Mutter hat einen Cousin, dessen Nachbar hat ein Geschäft, und da gibt es gerade eine offene Ausbildungsstelle. *Wäre das nicht auch was für dich?*

Mit der Partner:innenwahl ist es ähnlich. Sie ist ebenfalls ein Beispiel für die Kontingenz menschlichen Handelns. Es gibt einfach keine Person, mit der man zwangsläufig zusammen sein muss! Die Entscheidung hängt von individuellen Vorlieben, emotionalen Bindungen, gemeinsamen Werten und Zielen, vom eigenen Erfahrungshintergrund und nicht zuletzt vom Zufall des Kennenlernens ab. Menschen haben die Freiheit, aus einer Vielzahl von potenziellen Partner:innen zu wählen, und treffen unterschiedliche Entscheidungen, selbst unter ähnlichen Umständen. Auch die Entscheidung, sich politisch zu engagieren und für eine bestimmte politische Partei oder eine bestimmte politische Überzeugung einzustehen, ist ein Beispiel für die Kontingenz menschlichen Handelns. Die politische Orientierung eines Menschen wird von verschiedenen Faktoren wie persönlichen Überzeugungen, Erfahrungen, sozialem Umfeld und aktuellen politischen Ereignissen beeinflusst. Menschen können unterschiedliche politische Ansichten haben, auch wenn sie über ähnliche Hintergründe verfügen. Menschliches Handeln ist also in ganz verschiedenen Situationen von individuellen Entscheidungen, Präferenzen und äußeren Faktoren abhängig. Es gibt Raum für eine Vielzahl von Möglichkeiten und Ergebnissen. Ich habe die Freiheit, mein Handeln zu gestalten, zugleich aber ist mein Handeln der Freiheit der anderen und dem Verlauf von Zeit und Geschichte – manche nennen das »Schicksal« – unterworfen.

Was heißt es nun für die Liebe, wenn wir sagen müssen, dass unser Handeln nicht notwendig, sondern von anderem abhängig ist? Es heißt, mit anderen Worten: Unser Lieben unterliegt inneren Begrenzungen. Auch bei besten Absichten und mit allem Einsatz können wir gewisse Grenzen nicht einfach sprengen oder für nicht-existent erklären. Sie sind uns vorgegeben und manchmal unüberschaubar. Wir können sie nur in Maßen beeinflussen. Unser Lieben ist »kontingent«, weil es Faktoren unterworfen ist, die wir selbst nicht in der Hand haben. Und der am allermeisten begrenzende – sowie der am allermeisten ermöglichende – »Faktor« hat einen Namen: Es ist der andere Mensch, den wir da lieben. Er oder sie bringt eine eigene, eine andere Geschichte mit, eigene Erfahrungen, andere Prägungen.

In manchen Situationen wird diese Andersheit meines geliebten Gegenübers auf eine Weise wirksam, die ich nie vorhersehen kann und die mich vor Rätsel stellt. Und weil das so ist, ist es auch ehrlich zu sagen: Dieses Gegenüber vorbehaltlos zu lieben ist noch keine Gewähr dafür, dass eine von Liebe getragene partnerschaftliche Beziehung dauerhaft gelingt. Die oder der andere ist anders, und das ist Quelle tiefster Erfüllung sowie Grund schmerzhafter Zwietracht. Liebe, die aufs Ganze geht, braucht den anderen oder die andere. Aber diese Andersheit des geliebten Gegenübers ist unüberwindbar, sie fordert unser Lieben heraus, sie ist dessen Triebfeder. Und sie steht im Raum. Sie lässt uns ständig spüren: Bei aller Zweisamkeit bleiben wir ein Stück weit allein. Was wir im tiefsten Liebessehnen gelingen lassen wollen, bleibt Stückwerk, unvollkommen, vollendungsbedürftig. Das ist nicht nichts. Aber es ist eben auch nicht alles. Die Ganzheit, auf die Liebe zielt, entzieht sich – im besten Fall nur um Haaresbreite.

Dem Unfassbaren eine Form geben

All diese Überlegungen sind tastende Versuche, etwas zu beschreiben, womit wir alle auf die eine oder andere Weise zu tun haben. Als Wunsch und Sehnsucht, als gelebte, manchmal realisierte und manchmal verfehlte Wirklichkeit. Wir kriegen die Liebe und das Reden über die Liebe nicht heraus aus unserem Leben. Sie ist für viele von uns die innerste Triebfeder, die uns überhaupt in Bewegung hält in dieser Welt – ob wir uns dessen bewusst sind oder nicht. »Ich liebe dich«, das müssen sich Liebende auch deswegen immer wieder sagen oder zeigen, weil es eine Aussage ist, mit der sie bekunden, an diesem niemals abgeschlossenen Projekt weiterzuwirken. Sie könnten auch formulieren: »Ich will dich lieben, immer von Neuem, auf immer neue Weise. Ich weiß, dass ich darin unvollkommen bleibe, aber für die aufblitzenden Momente, in denen es wirklich gelingt, lohnt sich jeder Aufwand!«

Dabei ergibt sich eine Herausforderung. Wie geht das, wie kann man das große Ganze im kleinen Karo des Alltags überhaupt leben? Wie geht das, eine eigentlich überfordernde Sache unter den Bedingungen von Arbeitsrhythmus und Daseinsvorsorge, zwischen eigenen Bedürfnissen und den manchmal undurchschaubaren Wünschen des geliebten Gegenübers zu leben? Was angesichts einer solchen Spannung häufig hilft, ist eine stabilisierende Form. Sie hält die auseinandertreibenden Kräfte zusammen und sorgt in Situationen der Überforderung für Ausgleich und Balance. Zumindest hilft sie dabei, nicht ganz aus dem Tritt zu geraten in diesem oft stolprigen Tanz, den jedes menschliche Miteinander darstellt. Eine Form ist wie ein Gefäß, das Halt und Stabilität gibt, einen Rand definiert und das »Auslaufen« verhindert. Ich denke, für die Liebe ist das so notwendig, weil das, worum es ihr geht, ungreifbar ist für die Beteiligten, es ihnen zwischen den Händen zerrinnt. Die Liebe ist kein Gegenstand, kein festes Material, keine Substanz. Sie ist ein Geschehen, eine Dynamik, unsichtbar und unfassbar, und dennoch immer wieder zu spüren.

Wenn zuvor von der Kontingenz des Liebens die Rede war, dann zeigt sich hier die Kehrseite der Medaille. Es ist der »Zwang zur Formatierung«. Wir wollen dem großen Ganzen eine Form geben, sonst überfordert es uns. Kulturgeschichtlich haben sich unterschiedliche Formen und Formate entwickelt, um dieser Herausforderung zu begegnen. Die klassische Ehe ist das bekannteste, beliebteste, am weitesten verbreitete Format, in dem viele Menschen heute ein Gefäß für ihre Liebe erkennen. Auch wenn die Ehe geschichtlich betrachtet lange Zeit eher eine Versorgungseinrichtung war als ein Ort für wahre Liebe: Ergänzt um das moderne Ideal der romantischen Paarbeziehung und die Idee, dass man als ein solches Liebespaar den Widerfahrnissen des Lebens am besten begegnen kann, gilt die Ehe heute als die privilegierte Institution, mit der Menschen ihrer Liebe eine auch nach außen sichtbare Gestalt geben wollen.

Wer keine Ehe wählt, wird in unserer Kultur gedanklich mehr oder weniger zwangsläufig auf andere Konzepte zurückgreifen, die noch Anleihen nehmen vom Konzept der Ehe als lebenslangem, verbindlich gedachtem Zusammenschluss zwischen zwei erwachsenen Menschen. Die »Eingetragene Lebenspartnerschaft« ist ein solches Konzept. Sie bringt die Verbindung zweier Menschen rechtlich in eine Form, ohne dabei auf die in der Ehe noch erkennbare kirchlich-religiöse Herkunft zurückzugreifen und deren »Lastenheft« und Zugangskriterien vollumfänglich übernehmen zu wollen. Aber ein Gefäß und eine Form für die Liebe ist sie auch. Und selbst da, wo noch deutlichere Alternativen zu Dauerhaftigkeit und Exklusivität des Ehe-Modells gewählt werden, arbeiten sich Menschen am »Zwang zur Formatierung« ab, den das Lieben mit sich bringt. »Lebensabschnittspartnerschaft« und »offene Beziehung« sind solche Konzepte, die noch in der leise vernehmbaren Defizitstruktur ihres Namens – nicht für immer, und nicht nur eine:r – das eheliche Ideal als fernes Echo erahnen lassen. Man könnte den Gedanken vielleicht auch aus der eigenen Erfahrung erschließen. Fällt es nicht manchmal schwer, die Anfangsphase einer Beziehung zu beschreiben? Man hätte gerne Klarheit über den »Beziehungsstatus« … In einem Blog las ich einen Beitrag: »Was bedeutet es, wenn seine Zahnbürste bei mir steht?«

Offenbar gibt es ein Bedürfnis, darum zu wissen, was sich gerade abspielt, wenn es um Liebe und Zuneigung geht. Weil wir aufs große Ganze zielen – und uns damit als endliche Wesen letztlich übernehmen. Die Gefäße, die wir für diesen Lebensstrom gefunden haben, sind einerseits notwendig, um nicht hinweggespült zu werden, andererseits sind sie aber auch Stückwerk, weil wir immer wieder realisieren, dass diese Gefäße dem, was sie bewahren und halten sollen, nicht umfänglich genügen können. Menschen stoßen sich daran, weil diese Gefäße unflexibel sind und die Illusion erzeugen, man müsse nicht ständig um die Liebe ringen. Es ist ein Paradox – dem Zwang zur Formatierung entspricht ein Ungenügen jeder gefundenen Form. Und genau das, so glaube ich, macht das Menschsein aus! Trotz der eigenen, oft engen Grenzen sind wir dahingezogen, diese Grenzen immer wieder zu übersteigen. Wir sind auf uns geworfen und zugleich über uns hinausgeführt ... Wir besitzen nichts anderes als unsere irgendwie armen menschlichen Mittel und Wege des Liebens, und dennoch sind wir mit Tiefenwissen ausgestattet, dass Liebe offenbar mehr ist als alles, was wir sind und haben. Ein Glanz der Ewigkeit auf dem so irdisch-endlichen Stoff unserer Welt.

Man muss aber nicht dabei stehen bleiben, diese Spannung festzustellen, die oft genug als schmerzhaft und als Dilemma erlebt wird. Denn es gibt durchaus gute Gründe dafür, den institutionellen Rahmungen, die sich im Laufe der Kulturgeschichte herausgebildet haben, einen Kredit zu geben, also zunächst einmal auf ihren Wert zu vertrauen. Denn auch wenn die Ehe mit gutem Recht (auch!) als ein Instrument der patriarchalischen Gesellschaft beschrieben werden kann, mit dem Frauen wie in einen Käfig gesperrt, unsichtbar gemacht und zu Dienstleisterinnen von Care-Arbeit und sexueller Verfügbarkeit degradiert wurden und teilweise heute noch werden, ist das noch nicht alles, was man über die Ehe sagen kann.[1]

Etwas einzureißen ist immer leichter, als es wieder aufzubauen. Auf die Ehe bezogen könnte das heißen: Auch wenn dieses Gefäß über Jahrhunderte gerade kein Ort der gegenseitigen Beglückung, des Respekts und der romantischen Liebe, sondern eher die stabilisierende Institution eines gesellschaftlichen Ordnungsdenkens und eines ungleichen Geschlechterverhältnisses war, haben doch wir heute handelnden Menschen es in der Hand, diese »Institution« weiterzuentwickeln. Wir können aus diesem formalen Gebinde einen Ort wechselseitiger Liebe, des Commitments, der Verantwortungsbereitschaft machen. Eines scheint mir dazu aber entscheidend: Wir müssen realisieren, dass wir dafür etwas tun müssen, dass die Ehe nichts Naturgegebenes ist, dass sie nicht von sich aus zu einem gelingenden Beziehungsleben führt. Dass man in dieses Projekt vielmehr genauso hineininvestieren muss wie in Hobbys, den Garten oder in berufliche Projekte. Von selbst gelingt auch im Beziehungsleben wenig.

Menschen sind von den Verhältnissen geprägt, in denen sie leben – das lässt sich nicht leugnen und das muss zunächst einmal anerkannt werden, um nicht Unmögliches von ihnen zu fordern oder zu erwarten. Aber umgekehrt gilt ebenso: Menschen können auch Einfluss nehmen auf die gegebene Wirklichkeit – sie können sie umgestalten und erneuern. Eine partnerschaftliche Liebe zu leben bedeutet heute etwas anderes als in der Nachkriegszeit oder noch in den 1970er-Jahren. Wie viele Auseinandersetzungen mit den eigenen Eltern entstehen, weil die nun erwachsenen Kinder wahrnehmen, wie sehr sich die Standards für eine Partnerschaft auf Augenhöhe im Laufe weniger Jahrzehnte verändert haben?! Was Fragen nach der Hausarbeit, der Kindererziehung, oder der Möglichkeit, einer Erwerbsarbeit nachzugehen, anbelangt, aber auch in Bezug auf die Paarkommunikation. Wo Schweigen war, wird heute oft geredet und ausgehandelt. Das ist manchmal mühsam, aber zugleich ein Weg, um sich in der Beziehung längerfristig wohlzufühlen.

Wenn das traditionelle »Gefäß« der Ehe für die partnerschaftliche Liebe also heute weiterhin beliebt ist, dann nicht, weil Menschen damit die Werte verbinden, für die dieses einstmals stand. Die Ehe ist nach wie vor »in«, weil sie sich als ein Gefäß erweist, das entwicklungsoffen ist. Als ein Gefäß, das den Liebenden als eine »Gehhilfe« ihres großen Gefühls und vor allem ihres Wunsches dienen kann, dieses Gefühl füreinander zu bewahren und in den Alltag mitzunehmen.

»Liebe« – ein anderes Wort für …

Verlieben oder lieben sich zwei Menschen, scheint es heute nur ein Gesetz zu geben, das ihr Zusammensein regiert, nämlich das der emotionalen Zuneigung. Welche Währung könnte härter sein als die Währung der Gefühle? Es scheint schlicht unvorstellbar, dass es eine höhere Autorität geben könnte, die uns vermittelt, wie es um uns steht. Sind es nicht unsere Gefühle, über die wir uns selbst am intensivsten spüren? Hieraus könnte man nun den Schluss ziehen, es gäbe so etwas wie die »reine Liebe«. Die einzige Logik, nach der Menschen sich anziehen oder abstoßen, zueinanderfinden und beieinanderbleiben, sei die der gefühlten Zuneigung, die »da« sei oder eben nicht.

Leider ist es nicht so einfach! Unser Innenleben ist nicht nur von den Impulsen des Gefühls, sondern auch von äußeren Faktoren geprägt. Das, was wir »Liebe« nennen, ist kein reines, unberührtes Gefühl. Sie ist eine Haltung, die von verschiedenen Bedingungen geprägt wird. Sicherlich stehen das Gefühl, die Emotion, das Hingezogen-Sein zu einem anderen Menschen am Anfang. Aber dann gehören auch der Wille und die Absicht dazu, diesen Gefühlen Raum zu geben, ihnen nachzugehen und sie auch im Alltag und in dessen Herausforderungen zu bewahren.

Mir ist es nun wichtig, neben Gefühl und Wille eine weitere Dimension sichtbar zu machen, von der das geprägt wird, was wir abgekürzt »die Liebe« nennen. Es ist die Dimension der kulturellen und gesellschaftlichen Kräfte und Energien, denen wir alle ausgesetzt sind, ob wir es wollen oder nicht. Diese sollten wir zur Kenntnis nehmen, weil wir uns dann selbst besser verstehen. Als Menschen stehen wir in vielfältigen Verbindungen zu anderen. Wir leben in einer bestimmten Zeit mit ihren Möglichkeiten und Grenzen, wir sind abhängig von dem, was in unserer Zeit als vernünftig und plausibel gilt, und wir partizipieren an Bewertungen, Urteilen und Vorurteilen. Und das alles prägt auch uns selbst, unser Innenleben, unser Fühlen!

Wer nach den Mechanismen sucht, denen wir alle heute ausgesetzt sind, braucht nicht lange zu suchen. Es sind die Gesetze der Marktwirtschaft: Das Wechselspiel aus Angebot und Nachfrage bestimmt über die Verfügbarkeit und die Kosten fast aller Dinge im Leben. Die Bewertung von Gütern orientiert sich nicht an ihrem inneren Wert, sondern an dem Preis, den sie durch diesen Mechanismus bekommen. Alles muss »zu Markte getragen« werden und wer das am besten kann, kommt am besten weg in dieser Welt. Wenn dies für den Warenhandel und für manche Dienstleistungen ein sinnvolles Prinzip der Wertschöpfung ist, weil es dank des Wettbewerbs Menschen zu Leistungen anspornt und Güter günstig machen kann, erzeugt es in anderen Bereichen eine problematische Wirkung. Zu manchen existenziell bedeutsamen Grundgütern müssen alle Menschen Zugang haben. Wettbewerb kann aber dazu führen, dass manchen Gruppen der Zugang zu diesen Gütern – Wasser, saubere Luft und eine lebenswerte Umwelt – verwehrt ist.

Debatten darüber werden vielfach geführt und sollen hier nur kurz erwähnt werden. Mir ist ein anderer Effekt unserer zutiefst kapitalistisch geprägten Lebensform noch wichtiger. Es ist die Beobachtung, dass auch unser Gefühls- und Beziehungsleben durch die Logik von Markt und Wettbewerb vereinnahmt wird. Liebe scheint nicht mehr Schicksal, Zufall oder Geschenk zu sein, sondern machbares Ergebnis eines Optimierungswettlaufes, in dem wir uns mit anderen auf einem Markt messen.

Die israelische Soziologin Eva Illouz hat dies besonders gut beschrieben. Die »reine Liebe« ist eine Illusion, weil wir als liebende
Menschen, ob wir es wollen oder nicht, immer schon Akteure
eines Marktgeschehens sind.[2] Wir unterliegen dessen Gesetz-
lichkeiten und gleichen uns ihnen in vorauseilendem Gehorsam quasi freiwillig an. Ob es die Optimierung unseres Äußeren ist, das Trimmen unserer psychischen »Schwachstellen« oder
die Selbstdarstellung in Kontaktportalen – stets regiert eine Logik des Marktes. Wir trachten danach, unsere Ressourcen zu verbessern und sie optimal einzusetzen.

Einmal in einer Beziehung angekommen, setzt sich diese
Logik fort. Wir fragen danach, was wir einbringen und was wir
herausbekommen. Gefühle bekommen einen Warencharakter.
Wir streben nach Selbstoptimierung, indem wir auf eine Ma-
ximierung der Gefühle aus sind, und werden dadurch immer
weniger bereit, eine auf Dauer angelegte Bindung einzugehen,
in dem Wissen, dass diese eben auch von so mancher Gefühls-
flaute geprägt sein wird. Auf eine beeindruckend anschauliche
Weise hat die schwedische Publizistin Liv Strömquist in *Ich
fühl's nicht* die zerstörerische Logik solcher Mechanismen dargestellt.[3] Wer dieses Buch – das eigentlich eine Graphic Novel
ist – liest, bekommt einen Spiegel vorgehalten. Man fühlt sich
ertappt und muss feststellen, wie sehr man bereits nach den Gesetzen einer kapitalistischen Konsumgesellschaft funktioniert,
obwohl man doch glaubte, unabhängig und innerlich selbstständig zu sein …

Dem Markt können wir nicht entfliehen – so könnte man
diese Überlegungen mit einem Satz zusammenfassen. Zumindest ist es sehr schwierig, dagegen eine andere Logik zu behaupten, die dem, was wir Liebe nennen, vielleicht besser entspräche.

Eine Logik, die uns Zeit ließe, Dinge sich entwickeln zu lassen; die in uns selbst das Gesetz des ständigen Vergleichens und Optimierens ersetzen würde durch eine Logik der Selbstachtung und der Wahrnehmung. »Wir könnten es vielleicht doch noch besser haben«, und »Ich muss dafür etwas an mir tun«, so lauten die Programmsätze des modernen Liebeskapitalismus. Optimierung und Leistung beherrschen nicht mehr nur die Produktionsabläufe in Gewerbe und Industrie, sondern auch die Herstellung des Produktes »Liebespartner:in«.

Das Leistungssystem der marktwirtschaftlichen Kultur um uns herum ist aber nicht der einzige Einfluss, dem das Lieben und Geliebtwerden heute ausgesetzt sind und an den sich unsere Gefühle anpassen. Es gibt weitere »systemische Faktoren«, also Kontexte, die dafür mitverantwortlich sind, wie sich unsere Gefühle entwickeln und wie wir sie steuern. Von besonderer Bedeutung ist dabei das System der »herrschenden Moral«. Es ist der Mix aus Regeln und meist verinnerlichten oder auch nur behaupteten Normen darüber, was »man macht« und was nicht. Brauch und Gewohnheiten spielen hier eine Rolle und auch das, wovon man denkt, es gehöre sich, um vor anderen gut dazustehen. Die »herrschende Moral« ist in der Regel keine reflektierte Angelegenheit. Sie spielt sich in einem Zwischenbereich aus Gefühl und Einschätzung ab und speist sich aus unterschiedlichen Quellen. So ist das, was man früher einmal die »bürgerliche Gesellschaft« nannte, ein Faktor. Menschen ringen um ihren Status im gesellschaftlichen Miteinander, am Wohn- und Lebensort, in der Gruppe ihrer *peers*, also bei denen, zu denen sie gehören und von denen sie anerkannt werden wollen. Was dort als gut und richtig gilt, spielt eine entscheidende Rolle im eigenen Werte- und Normensystem.

»Bürgerliche Gesellschaft« zeugt allerdings schon vom Hauch des Unfreien. Dabei muss das, was sich gehört, doch eigentlich immer wieder auf den Prüfstand einer kritischen Reflexion durch uns selbst. Wenn aber ausnahmslos und unerbittlich die herrschende Moral gilt, gerät der Mensch als selbstverantwortliches und zur eigenen Lebensgestaltung fähiges Wesen aus dem Blick. Vielfach wird ein solcher Grundton der herrschenden Moral noch religiös überhöht. Dann ist es zum Beispiel »die christliche Moral«, die fordert, will, verbietet, dass ... In vielen Generationen und Milieus hat sich ein solches Denken erhalten. Heute wird es kaum mehr bewusst wahrgenommen, es übt aber durchaus weiterhin eine stille Macht aus.

Selbstoptimierung und Leistungsdruck, Prestigezwang und die Rollenerwartungen – dies alles sind Faktoren, die mit darüber bestimmen, was wir unter »Liebe« verstehen und verwirklichen können. Menschen leben nicht an ihren mentalen, kulturellen und geschichtlich überlieferten Erbschaften vorbei. Wir sind immer Kinder unserer Zeit. Deshalb wäre es naiv anzunehmen, ein kommunikativ und interaktiv hoch anspruchsvolles Geschehen wie das der Liebe sei von diesen Prägekräften ausgenommen.

Diese Beobachtungen sind nicht deterministisch gemeint. So, als ob wir als liebende Personen quasi vorherbestimmt und uns dessen nur nicht bewusst wären. Wir Menschen sind keine Marionetten des Schicksals oder der Verhältnisse. Aber es gilt, sich von der Illusion zu befreien, es gäbe so etwas wie die »reine Liebe« oder die »Liebe an sich«. Wir Menschen tun gut daran, über uns selbst und unsere Verortungen und Prägungen Bescheid zu wissen. Das befähigt uns zu besserem Handeln und Selbstverstehen, eben auch in diesem existenziellen, ganzheitlichen Vorgang der Liebe.

Spielarten der Liebe

Eines ist mir bei diesem Buch wichtig: Ich möchte nicht in die Falle tappen, die droht, wenn man sich vor dem Hintergrund eines professionellen Wissens mit Lebensthemen beschäftigt. Da wird dann auf »systematische« Weise, aber eben ausgehend von denkerischen Konzepten und Begriffen, über das Thema gesprochen. Ich möchte hier den umgekehrten Weg gehen: nicht mit der Einordnung beginnen, sondern mit der Erfahrung. Denn gerade bei dem Thema der Liebe bietet sich das an. Beinahe jeder Mensch hat irgendeinen Bezug dazu. Erhofft und ersehnt, erkämpft und gelebt, verloren und neu gewonnen, vermisst und verschmäht – Liebe begegnet uns auf beinahe so vielen unterschiedlichen Weisen, wie es Menschen gibt. Und auch wenn niemand behaupten kann, genau zu wissen, wie Liebe geht, wie sie sich anfühlen muss und wie man sie bewahrt, gibt es kaum eine Dimension des Menschseins, die allen so plausibel erscheint wie die Dimension des Liebens. Die Liebe ist so etwas wie ein Sammelbegriff, in dem unterschiedliche Aspekte zusammenkommen.

Es geht um das Gefühl und dessen höchst persönliche, subjektive Dimension, aber es geht auch um die kulturellen und gesellschaftlichen Bedingungen, die das Gefühl prägen. Liebe bezeichnet eine Lebenshaltung, eine Energiequelle, und sie bezeichnet ein ganz praktisches Tun und Lassen. Wer liebt, gibt seiner Existenz eine Deutung und stellt seinen Alltag unter einen Anspruch. Und um es noch ein bisschen komplexer zu machen: So viele Menschen es gibt, so viele Äußerungsformen der Liebe gibt es! Auch wenn keine Erfahrung der anderen genau gleicht, hat es einen Vorzug, sich dem Thema der Liebe über die Erfahrung zu nähern: Viele können sich darin wiederfinden.

Ein solches Vorgehen hat aber auch Grenzen, denn Erfahrungen sind sehr stark von den Orten und der Zeit geprägt, an denen sie gemacht werden. Man kann sie nicht ohne Weiteres verallgemeinern. Man muss sie einordnen und in Bezug stellen zu anderen Erfahrungen. Dabei wiederum können begrifflich-theoretische Konzepte helfen, und bei dem »Umbrella-Begriff« der Liebe drängt sich das nahezu auf. Was in der deutschen Sprache mit dem einen Wort »Liebe« bezeichnet wird, ist ein Geschehen, bei dem sich klassischerweise drei Seiten unterscheiden lassen. Seit der Antike gibt es die bekannte Aufteilung der Liebe in drei Dimensionen: Mit dem Begriff des *Eros* wird die leidenschaftliche, ganzheitliche Liebe bezeichnet, die sich auch im körperlichen Begehren ausdrückt. *Philia* meint die verbindliche, freundschaftliche Beziehung zu einem anderen Menschen – und bereits in der Antike auch zu Tieren. Davon wiederum wird die tätige Nächstenliebe unterschieden, die *Agape* heißt. Hierbei geht es um die Zuwendung zu anderen in solidarischem Handeln, wobei Gefühle der Sympathie nicht unbedingt vorhanden sein müssen.

Wenn wir heute versuchen, die Liebe in diesen drei Dimensionen zu denken, besteht die Gefahr, die drei Aspekte gegeneinander auszuspielen. Und de facto ist das oft geschehen. So wurde über Jahrhunderte gesagt, die vom christlichen Glauben und in den biblischen Schriften gemeinte Liebe sei vor allem selbstlose, karitative Nächstenliebe, habe aber keinerlei erotische Dimension. Im Gegenteil: Wo Begehren und Sex ins Spiel kämen, werde der Mensch abgelenkt vom Glauben und in die Sünde geführt. Der Eros wurde umgekehrt oft verkürzt als reiner Sex verstanden. Dabei ist damit eine umfassende Anziehung gemeint, die von einem anderen Menschen, aber eben auch von großen Ideen oder einer leidenschaftlichen Tätigkeit ausgehen kann, die den Menschen vollständig beansprucht. Eros kann auch auf Bereiche übertragen werden, in denen es nicht um Sinnlichkeit geht, wohl aber um Entrückendes und Begeisterndes, sogar im Erwerb von Wissen und Bildung. Wird Sex auf eine sportlich-technische Praxis verkürzt, hat das jedenfalls mit dem ursprünglichen Wortsinn von Eros wenig gemein.

Was ist aus diesen Unterscheidungen zu gewinnen? Es ist die Einsicht, dass Liebe ein umfassendes Geschehen ist, das unterschiedliche Seiten hat. Und dass diese Seiten in einer konkreten Liebesbeziehung in unterschiedlicher Gewichtung verwirklicht sein können. Es kann eine wundervolle Erfahrung sein, wenn es gelingt, alle drei Aspekte der Liebe in einer Beziehung wirklich vorkommen zu lassen. Das muss aber weder gleichzeitig sein, noch muss es in absolut gleichem Maße geschehen. Es mag Phasen geben, da die erotische Anziehung zurückgeht, man sich aber in tiefer Verbundenheit emotional oder helfend nahe bleibt. Und es gibt Zeiten, in denen es keine bessere Weise gibt, diese Verbundenheit auszudrücken, als durch die starke Kraft der körperlichen Anziehung und Begegnung. Liebe muss nicht auf eine Paarbeziehung beschränkt sein. Aber es lässt sich sagen: Die verbindlich gedachte Paarbeziehung kann zu einem ganz besonderen Ort der Liebeserfahrung werden, weil Liebe hier die Zeit hat, sich zu entwickeln, und dann alle drei Dimensionen nacheinander, miteinander, in unterschiedlicher Vermischung Ausdruck finden können.

Das Modell der drei Dimensionen zeigt auch noch etwas anderes: Liebe und Sex können zwar unterschieden, aber nicht so einfach voneinander getrennt werden, wie sexualitätsfeindliche religiöse Traditionen und verklemmt-spießbürgerliche Vorstellungswelten das zuweilen tun. Ein realistischer Blick auf den Menschen zeigt, dass keine strikte Trennungslinie gezogen werden kann zwischen der geistig-seelischen und der körperlich-leiblichen Existenz des Menschen. Die unterschiedlichen Weisen des Menschseins gehen fließend ineinander über. Wer körperlichen Schmerz empfindet, beginnt, auch seine Gedanken um dieses Empfinden kreisen zu lassen. Manchmal ist der Schmerz so stark, dass man an nichts anderes mehr denken kann. Und umgekehrt, wer intensiv liebt, wird dies auch körperlich ausdrücken wollen.

»Körperliche Liebe« ist also eine ganz besondere Sprache der Liebe. Es ist ein Zusammenhang, der in beide Richtungen wirksam sein kann. Viele kennen die Erfahrung, zwar zunächst das erotische Kribbeln und das Abenteuer des Sexes zu genießen, aber nach einer Weile den Wunsch zu verspüren, dieses Empfinden möge von einer ganzheitlichen Annahme und der Bejahung meiner selbst durch den anderen als Person – und nicht nur als Sexualpartner:in – getragen werden. Kommt es nicht dazu, kann der Sex dennoch einen Wert haben. Aber es bleibt ein Wünschen und Sehnen offen, das man so beschreiben kann: Möge die Verheißung, die in der Anziehung liegt, über das hinausreichen, was sich da körperlich gerade so schön bemerkbar macht!

Die dunkle Seite des Christentums

Ich schreibe dieses Buch als Theologe, nicht als Lebensberater, Philosoph oder Gesellschaftskritiker. Als Theologe wiederum habe ich mit einem Glauben zu tun, der Menschen in allen ihren Lebensdimensionen anspricht und den viele Menschen als Orientierungsquelle begreifen. Deshalb muss ich mich auch mit der Interpretation von Erfahrungen, ihrer gesellschaftlichen und kulturellen Deutung befassen. Als Theologe kann ich nicht einfach nur im Bereich des Religiösen bleiben. Meine Überlegungen folgen deshalb einem Wechselschritt zwischen den Kontexten der Lebenserfahrung und dem Programm des Christentums.

Dass das Christentum etwas mit »Liebe« zu tun hat, ist eine Binse. Leider in einem doppelten Sinn. Auf der einen Seite wissen wohl die allermeisten Menschen, dass das Christentum in der Bibel von einem Gott spricht, der Liebe sei: *Geliebte, wir wollen einander lieben; denn die Liebe ist aus Gott und jeder, der liebt, stammt von Gott und erkennt Gott. Wer nicht liebt, hat Gott nicht erkannt; denn Gott ist Liebe* (1 Joh 4, 7-8). Dass es im christlichen Glauben um so etwas wie »Nächstenliebe« geht, gehört ebenfalls zum kulturellen Grundwissen zumindest der westlichen Zivilisation. Das Christentum scheint also einen irgendwie positiven Bezug zum Thema der Liebe zu haben, wenn es gar seinen Gott als Liebe bezeichnet und daraus das Lieben als die wichtigste Haltung versteht, in der sich Menschen untereinander begegnen sollten.

Leider ist damit nur die eine Seite der Medaille benannt. Es gibt eine dunkle Rückseite, die vielfach beschrieben wurde, sowohl von außerhalb der Kirchen als auch durch die christliche Theologie selbst. Es ist das problematische Verhältnis zwischen Liebe und Sex, das sich in der christlichen Tradition zeigt. Beide werden dort strikt voneinander getrennt. Die körperliche Liebe wird als eine verderbliche, gefährliche Macht angesehen, die den Menschen vom Pfad des guten Lebens abbringen kann. Dieser Vorstellung nach muss das Thema der körperlichen Liebe, wenn es schon nicht zu meiden ist, normiert und strikten Regeln der

Kontrolle unterworfen werden.[4] Ich könnte den eigentlich beabsichtigten Weg meiner Überlegungen hier stoppen und hätte genug Stoff, um das Buch mit dieser Problemgeschichte zum Verhältnis von Christentum und Sexualität zu füllen. Viele meiner Kolleg:innen aus der Theologie und der theologischen Ethik haben sich damit befasst und diese so notwendige Aufarbeitung geleistet. Auf ihre Ergebnisse kann ich aufbauen und muss ihre wichtige Arbeit nicht wiederholen.[5] Es soll hier genügen, eine Person etwas näher anzuschauen, die in der Tradition des Christentums ein Emblem geworden ist für die wirkmächtige Koppelung der biblischen Botschaft von der Liebe Gottes an eine bestimmte zeitgebundene Sprache und denkerische Mentalität: Augustinus von Hippo, der große, vielleicht der einflussreichste Denker der Antike.

Augustinus steht für den erfolgreichen Versuch, die christliche Botschaft mit den denkerischen Mitteln, die in seiner Zeit zur Verfügung standen, auszubuchstabieren und ihr damit eine neue Plausibilität zu geben. Allerdings waren diese denkerischen Mittel von einer aus heutiger Sicht nicht mehr akzeptablen Abwertung des Leibes gegenüber Geist und Bewusstsein des Menschen geprägt. Das hat – auch durch biografisch-individuelle Erfahrungen von Augustinus – dazu geführt, dass Sexualität und Leiblichkeit als gefährliche Abwege des Menschen auf seinem Weg zu Gott angesehen wurden. Sexuelle Praxis wurde von ihm deshalb in einen engen Kasten gesperrt und nur im Rahmen der christlichen Ehe und mit dem Ziel der Erzeugung von Nachkommenschaft für legitim erklärt. Sex quasi als ein in Kauf zu nehmendes Übel ...

Während die Bibel selbst noch mit Selbstverständlichkeit von der Sexualität als einem Wesenszug des Menschen spricht und Menschen darin auch als sexuelle Wesen vorkommen, hat sich die christliche Tradition nach Augustinus von dieser extrem abwertenden Sicht auf Sex und Begehren im Grunde nicht mehr erholt. Die Debatten innerhalb der Kirchen sind vor allem ein Ringen darum, sich aus dieser pessimistischen Sicht zu befreien. Das ist bisher mehr schlecht als recht gelungen, denn auch wenn es Stimmen in Pastoral und Seelsorge gibt, die glaubwürdig und mit bestem Gewissen auf eine neue, gute Weise über Sexualität als Dimension der Liebe reden wollen – sie entkommen kaum der negativen Hypothek eines jahrhundertelang gepflegten Körperpessimismus.

Und diese Geschichte wirkt fort: Auf sie berufen sich viele in den Kirchen, und zwar nicht nur im Extremfall, etwa wenn »Konversionstherapien« gegen Homosexualität empfohlen werden. Sex und Körperlichkeit sind für das Christentum hochgradig kontaminiert. Das zeigt sich in der subtilen, aber so mächtig wirkenden Sprachlosigkeit des Christentums gegenüber dem Menschen, insofern er ein geschlechtliches Wesen ist und damit ein Leben, das mit einem Leib in der Welt ist und das sich als leibliches Wesen eben auch äußert: sehnend und vermissend, begehrend und überschwänglich. Kirchenleute wissen oft nicht, dass diese Sprachlosigkeit an sich bereits eine bewertende und platzanweisende Wirkung hat. Wo Menschen mit ihrer körperlich-sexuellen Dimension nicht vorkommen dürfen, werden sie »halbiert« und gleichsam vor die Tür gesetzt. Denn auch wenn nicht explizit verurteilt wird, ist doch immer zu spüren, was als vermeintliches Ideal und Soll im Raum steht. Das gilt etwa für die Abwertung von Homosexualität, aber es gilt auch generell für das Sexuelle als einer Ausdruckssprache des Menschen in Zeit und Raum. Oft wird nämlich einfach nichts zu dieser Lebensdimension des Menschen gesagt – und damit ist alles gesagt. Viele Menschen werden davon verletzt zurückgelassen.

Auch Gott geht aufs Ganze

Es war mir ein Anliegen, die Liebe nicht von einem begrifflichen Konzept her zu beschreiben, sondern von der Erfahrung der Liebe her zu denken. Kennzeichen dieser Erfahrung ist es, dass Liebe »aufs Ganze geht«, dabei zugleich aber mit den Widerständen zurechtkommen muss, die Teil der gelebten Wirklichkeit sind. Zu lieben bedeutet: sich arrangieren mit dieser Wirklichkeit, aber dabei nicht aufhören, aus dem zu schöpfen, was tief in mir eine Ressource meines Menschseins zu sein scheint: dass ich aufs Ganze gehen will, mehr zu erreichen strebe, als ich vermag, und dass ich nicht aufhöre, danach zu suchen – mit allem, was ich bin. Wenn wir die Liebe als eine solche, uns Menschen als ganzheitliche Wesen beanspruchende Kraft verstehen, wird eine Brücke zum christlichen Glauben sichtbar. Um das zu sehen, sollten wir die Erbschaften beiseitelassen, die im Laufe der Christentumsgeschichte vielleicht einmal eine Verstehenshilfe gewesen sein mögen, aber heute wie Felsbrocken im Weg wirken.

Fokussieren sollten wir vielmehr auf das, worum es eigentlich geht! Erzählt der biblische Glaube des Christentums nicht von einem Gott, der ebenfalls »aufs Ganze geht«, um im Bild zu bleiben? Es ist ein Gott, der die Welt erschaffen hat und darin den Menschen seinen Bund anbietet, sich an sie bindet, ihnen gerecht und barmherzig begegnet und ihnen Treue verspricht. Dieser Gott geht eine Geschichte ein mit seinem Volk, er bietet immer wieder seine Nähe an, lässt sich glauben als derjenige, der Rettung und Befreiung schenkt und die Schöpfung schlussendlich erlösen wird.

In Jesus Christus zeigt sich diese Konsequenz Gottes. Gott wird Mensch und solidarisiert sich unüberbietbar mit seinem Geschöpf. Jesus Christus geht einen Weg in die letzten Winkel menschlicher Erfahrung hinein, in Not und Leid, in Demütigung, Marginalisierung und Exklusion. Er *nimmt das alles auf sich*, will heißen: An den biblischen Gott zu glauben, das geht nicht an den schwierigen und schmerzhaften Seiten dieses Lebens vorbei; sie sind anzuschauen und anzuerkennen. Und der Glaube an den Gott Jesu, so die Botschaft, kann dabei helfen, solche Erfahrungen zu überwinden, sich daraus zu befreien und Wege neuen Lebens zu finden. Gott ist die Liebe, das meint eben das: Diesem Gott ist der Mensch so wenig egal, dass er selbst Mensch wird. D. h. »sich entäußern«, wie es in der theologischen Sprache oft ausgedrückt wurde – »aufs Äußerste setzen« ...

Treten wir einen Schritt zurück. Eine Religion mit einer solchen Botschaft in ihrem Zentrum macht eine starke Aussage über das Geschöpf. Wenn der Mensch nach dem Ebenbild Gottes geschaffen wurde, trägt er oder sie irgendwo in sich diese Fähigkeit, die man auch als Berufung verstehen könnte: über sich hinauszugehen, sich nicht mit sich zufriedenzugeben, mehr zu suchen als das, was gegeben ist. *Es muss doch mehr als alles geben –* so lautet der Titel eines Buches der Theologin Dorothee Sölle. Darin kommt viel von dem zum Ausdruck, was hier gemeint ist. Wenn alle Rechnungen gemacht, das Nützliche ermittelt, die Risiken kalkuliert und die Mittel dafür erwogen worden sind, kann es sein, dass Menschen sich dazu berufen und getrieben fühlen, weiterzugehen. Nach dem zu suchen, was eigentlich nicht mehr erwartbar ist, was aber jede:r als eine tiefe Ahnung in sich trägt und spürt, dass es zu einem erfüllten Leben gehören könnte.

Der christliche Glaube ist wie ein Versprechen, dass die Vision von einem solchen Menschsein nicht vergebens ist. Er hält diese Vision aufrecht und setzt sie ins Recht. Die biblischen Texte und Geschichten erzählen von einem Menschen, der das in sich trägt: die Sehnsucht nach dem »Mehr«, nach einem Gott, der aus Unrecht Recht werden lässt, der dem Guten Geltung verschafft, der Kleines groß macht. Es ist ein Gott, der die Menschen liebt, wie es mit diesem schmalen Wort ausgedrückt wird. Wenn der Mensch der Bibel diesem Gott ähnlich ist, dann gehören das Lieben und die Fähigkeit zu lieben zu seinem Wesen. Zu lieben bedeutet, aufs Ganze zu gehen. Wie der biblische Gott vermag sein Geschöpf, der Mensch, ebendies: aus sich herauszugehen, etwas zu erschaffen, schöpferisch zu sein, und in alledem: über sich hinauszuwachsen und genau darin sich selbst erst gerecht zu werden. Menschen sind zur Liebe berufen, so wird das oftmals kitschig und etwas blumig ausgedrückt.

Der christliche Glaube aktiviert allerdings nicht nur Potenziale, er zeigt auch Grenzen auf. Und darin ist er ebenfalls eine Hilfe und ein Gegengewicht inmitten einer Kultur, die oft genug der Maxime folgt, im Prinzip sei alles machbar. Denn wo die Vision eines über sich hinausgreifenden Menschen gezeichnet wird, sind eben auch die Begrenzungen eines solchen Menschseins mitzudenken. Wer aufs Ganze geht, tut gut daran einzupreisen, dass es Widerstände geben wird. Dass sich Dinge anders entwickeln als geplant. Dass die besten Absichten nicht aufgehen, weil wir es mit anderen Menschen zu tun haben, die ebenfalls ihren Zielen folgen, die sich nicht unbedingt mit den eigenen decken, selbst wenn wir vielleicht liebend verbunden sind.

Das Christentum ist, wie vielleicht kaum ein anderer religiöser Weg, dazu angetan, für diese Herausforderung einen Umgang zu entwickeln. Gott wird Mensch, und das heißt, er setzt sich den Grenzen und Hindernissen, die in der geschichtlichen Existenz des Menschen liegen, aus. Nichts von dem, was Menschen auf dem Weg durch diese Welt begegnen kann, ist dem Gott des Christentums fremd. Der Anspruch des christlichen Glaubens misst sich geradezu an diesen Herausforderungen.

Mit einem Wort gesprochen: Der Glaube ist nicht nur das Versprechen darauf, dass es »mehr als alles« geben muss, er möchte auch die Kraft geben, mit fehlender und verfehlter Ganzheit umzugehen. Nicht Verzweiflung muss dann die Reaktion sein, sondern ein nächster, ein neuer Schritt nach vorne. Eine Religion, deren Gott in die Geschichte eintritt, sich den Launen, der Willkür, dem Eigensinn der Menschen unterwirft, rechnet damit, dass etwas scheitern kann. Sie rechnet damit, dass Dinge nicht aufgehen und dass Menschsein darin besteht, Zerbrochenes auf eine neue Weise zusammenzufügen. Und sie stellt die Aussicht in den Raum, dass sich solche Mühe lohnt.

2.
Scherbenhaufen. Warum Liebe nicht scheitern kann

Wer liebt, geht aufs Ganze, aber es gibt keine Garantie, dass dieses Ganze auch gelingt. Wer mag behaupten, es je erreicht zu haben? Gibt es nicht in jeder Beziehung, die sich Liebe nennt, immer auch die dunklen Momente? Schwachstellen und Phasen, in denen das Gefühl aufkommt: »Oh je, wie kommen wir da durch? Nicht schon wieder!« Eine Liebe in Form einer Beziehung zu einem anderen Menschen zu leben, das bedeutet mit Unvollkommenheit umgehen zu lernen. Mit der Unvollkommenheit des Gegenübers und mit der eigenen Unvollkommenheit. Wer ehrlich ist, wird sich eingestehen, dass die vermeintlichen Fehler und Schwächen der Partnerin oder des Partners zugleich auch auf die eigenen dünnen Stellen hinweisen. Das lässt sich dann beklagen, man kann sich den anderen anders wünschen und anschließend sich selbst verurteilen und betrauern. Man kann es aber auch als Herausforderung verstehen, die oft so schmerzhaft empfundene Unpässlichkeit des Miteinanders, die fundamentale Andersheit des geliebten Gegenübers anzunehmen und nach einer Weise zu suchen, um die nächste Etappe gemeinsam gehen zu können. Oft genug braucht man so etwas wie ein Halteseil oder ein Treppengeländer, das dabei hilft, auf dünnem Eis nicht einzubrechen oder die genommenen Stufen nicht zurückzupurzeln.

Der fremde Blick der anderen

Wenn wir uns diese Sicht auf Liebe und Beziehung erlauben, verändert das unsere Wortwahl, und zwar mit einschneidenden Folgen. Wie oft hört man die Redeweise: »Diese Beziehung ist gescheitert«, oder auch: Jemand »steht vor dem Scherbenhaufen« seiner oder ihrer Beziehung? Gerade bei Paaren, die sich nach einer längeren Zeit des Miteinanders trennen und deren Verbindung von außen betrachtet keine Anzeichen für das Auseinandergehen vermuten ließ, begegnet man solchen Floskeln. Da ist etwas gescheitert, was doch zusammengehörte und so festgefügt zu sein schien. Es lohnt sich, den Begriff des »Scheiterns« einen Augenblick zu untersuchen, denn er ist weit mehr als eine Vokabel zur technischen Beschreibung von Ereignissen. Sprache enthält immer auch die impliziten Wertungen und Deutungen, die eine Gesellschaft und ein kultureller Hintergrund in sie einträgt. Mit vermeintlich so selbstverständlichen Redeweisen werden diese Deutungen transportiert und geltend gemacht.

Wer vom Scheitern spricht, legt mindestens zweierlei nahe. Zum einen lässt die Vokabel vermuten, es gebe eine Vollform des »Gelingens«, und die sei eben verfehlt worden. Zum anderen scheint damit hindurch, es gebe klare Zuständigkeiten und Schuld. »Du bist schuld am Scheitern unserer Beziehung!« Wie verlockend es ist, Zuflucht in einer solchen Formulierung zu suchen, das wissen sicher viele Menschen, die in einer Beziehung gelebt haben, die zu Ende gekommen ist. Es ist deswegen eine Versuchung, weil damit eine Art Beziehungsmechanik zugrunde gelegt wird. Eine oder einer ist ja wohl mehr als der oder die andere schuld am Scheitern und muss das doch auch einsehen … »Nun ist das Kind in den Brunnen gefallen, es hätte vermieden werden können!«

Solche Narrative haben Macht, aber sie führen in eine Sackgasse. Sie tun so, als ob es eine berechenbare Mechanik für das Gelingen von Beziehungen gäbe. Der Mensch innerhalb der Beziehung wird in seinem Handeln und Verhalten über- und zugleich unterfordert. Man wird überfordert, weil die Rede vom »Scheitern« suggeriert, es gäbe eine Reinform gelingender Beziehungsrealität. Es wäre erreichbar, andere würden es leben, nur ist man eben dahinter zurückgeblieben. Und man wird unterfordert, weil es einem erspart wird, sich wirklich damit auseinanderzusetzen, was im dynamischen Fluss des Miteinanders zweier Menschen die eigenen Anteile für das Miteinander waren, das zumindest einem oder einer von beiden offenbar in einer Weise nicht gutgetan hat, dass es zur Trennung gekommen ist.

Ich erinnere mich noch, wie ich selbst empfunden habe, als ich mit der Titulierung der »gescheiterten« Beziehung konfrontiert wurde. Als meine langjährige Ehe zu Ende ging, hörte ich diese Beschreibung im engeren familiären Umfeld, von Menschen, die mir wohlgesonnen waren. Sie war also gar nicht unfreundlich gemeint. Die Ehe sei gescheitert … Ich weiß noch, wie ich das zuerst als beschämend und dann als zutiefst irreführend empfunden habe und dass ich mich darin nicht wiederfand. Zum offenen Widerspruch fehlte mir in dieser Situation die Kraft und ich rang darum, für mich selbst eine Deutung zu finden, die angemessen ist. Beschämend empfand ich die Aussage, weil darin ein, wie ich fand, übergriffiges Urteil darüber enthalten war, wer ich selbst als handelnde Person in dieser mir über so lange Zeit so wichtigen Beziehung war. Als ob irgendjemand mein Handeln und seine Folgen, die Dynamik, die dieses Handeln auszulösen vermochte oder nicht, einschätzen konnte. Nach einiger Zeit wurde mir klar, dass ich mich gegen die Rede vom »Scheitern« aktiv verwahren wollte. Ich musste dafür aber die Entscheidung treffen, diese Deutung, die anderen so leicht in den Sinn und über die Lippen kommt, nicht anzunehmen und meine eigene Deutung dagegenzustellen. Meine eigene Deutung nahm mich selbst als handelnde und empfindende Person in den Blick, nicht als statisches Wesen, sondern als Menschen, der sich lebenslang in einem Entwicklungsprozess befindet und der nur in der beständigen Interaktion mit anderen Menschen zu verstehen ist und diese Entwicklung auch leben kann.

Vom »Scheitern« einer Beziehung zu sprechen, ist häufig einfach eine pragmatische Art und Weise, sich nicht vertieft mit der Komplexität menschlichen Miteinanders auseinandersetzen zu müssen. Oftmals gibt es ja auch gute Gründe dafür, darauf zu verzichten. Man kann ja nicht bei jeder Gelegenheit Persönliches ausbreiten. So kommt es, dass wir zu abkürzenden Titulierungen greifen, auch wenn diese irreführend sind und sich die Rede vom »Scheitern« als Kehrseite der Illusion eines vollkommenen Ideals erweist: als sei es möglich, das Ideal in einer vollständigen Weise zu leben. Wo aber Menschen den Bedingungen ihres konkreten, alltäglichen Miteinanders ausgesetzt sind, wo sie mit der Andersheit des Gegenübers, der Unbill des Schicksals, den Rahmenbedingungen eines kulturellen oder sozialen Kontextes umgehen müssen, ist Beziehungsleben etwas anderes als die Verwirklichung eines Ideals, das sowieso nur recht abstrakt beschrieben werden kann. Menschliches Zusammenleben von diesem Ideal her zu denken, hat den Nachteil, dass man vor allem Defizite und Unzulängliches erkennt, nicht aber Gelingendes. Man lernt dann kaum, den schwankend-dynamischen, stets Rhythmusveränderungen unterworfenen Wechselschritt eines mal mehr, mal weniger befriedigenden Miteinanders zu schätzen.

Beziehungsleben und Liebe mit der Sprache des Scheiterns zu lesen, muss scheitern, so könnte man zusammenfassen. Es verstellt den Blick und kennt nur Null oder Eins, Gelingen oder Misslingen. Man sollte diese Matrix beiseitelegen und stattdessen nach Bedingungen für die Entwicklung der Menschen innerhalb der Partnerschaft und damit auch nach den Möglichkeiten der Entwicklung der Partnerschaft selbst fragen. Das erlaubt einen realistischen und entlastenden Blick auf die Beziehungswirklichkeit, die nicht zu jedem Zeitpunkt entweder »gelingt« oder »misslingt«. Vielmehr wird sichtbar, dass auch vermeintlich stabile Beziehungen manchmal nicht mehr als eine Karikatur ihrer selbst sind und den Namen »Partnerschaft« nicht verdienen. Das ist dann der Fall, wenn die Menschen ihrer Partnerschaft die Veränderung nicht zugestehen, der auch sie selbst mit steigendem Lebensalter, sich ändernden Lebensumständen und dem eigenen, oft nicht voraussehbaren inneren Entwicklungsweg unterliegen. Nicht selten halten die Beteiligten noch am formalen Gehäuse ihrer Allianz fest, berauben diese Verbindung aber ihrer eigentlichen Grundlage, die darin besteht, das Versprechen auf einen Weg gemeinsamer Entwicklung zu sein.

Sturm im sicheren Hafen

Ich möchte hier keinen falschen Eindruck erwecken: Natürlich gehört es zu den wichtigsten Stärken einer zwischenmenschlichen Partnerschaft, auch bei auftauchenden Schwierigkeiten oder über emotionale Durststrecken hinweg »dabeizubleiben«, Ausdauer und Geduld zu entwickeln. Es gibt kaum etwas Schöneres als Paare, die noch nach vielen Jahrzehnten ihres Beziehungslebens glücklich miteinander sind und auf eine gütige Weise auf die problematischen Phasen ihrer gemeinsamen Zeit zurückblicken können. Worauf ich aber aufmerksam machen möchte, ist eine problematische Konsequenz, die aus einem solchen Anspruch auf lebenslange Dauer gerade in christlichen Kreisen oft gezogen wird: Es ist die Dominanz der Form über den Gehalt, für den die Form doch das Gefäß sein soll. Das ist etwa der Fall, wenn die rechtliche Fortdauer der Ehe isoliert als Argument herangezogen wird und mit dem Verweis darauf jede (selbst-)kritische Betrachtung der gelebten Beziehungswirklichkeit ausgeschlossen wird.

So sehr diese Bemerkung nach einer abstrakten Mahnung klingt, so oft begegnet diese Einstellung in der Wirklichkeit. »Ihr seid jetzt verheiratet, nun müsst ihr miteinander zurechtkommen« – so hören es manche Paare von außen, aus ihrem engsten Umfeld, das vielleicht die soziale Verunsicherung fürchtet, würde die einmal etablierte Verbindung in ihrer vermeintlichen Stabilität auf ihren Lebenswert befragt.[6] Aber es begegnet auch von innen, wenn etwa ein Partner oder eine Partnerin dem oder der anderen mit dem Verweis auf die Unverbrüchlichkeit des formalen Gerüstes den sehnlichst erhofften offenen Austausch über die Wirklichkeit des Miteinanders verbietet. »Du hast mich geheiratet, was willst du jetzt?« Gerade die Offenheit zum Gespräch aber birgt die Chance, ehrlich abwägen zu können zwischen den Risiken des »Dabeibleibens« oder des »Gehens«, sodass man sich als zweifelnde:r Partner:in schließlich doch für das Bleiben entscheiden könnte. Der rechtliche Rahmen alleine bietet heute keine Gewähr mehr dafür, Menschen beieinander zu halten, die es miteinander so schwer haben, dass sie über das Auseinandergehen nachdenken müssen. Das gilt selbst für den kirchlichen Rahmen der sakramentalen Ehe.

Häufig wurde die Ehe als ein »sicherer Hafen« bezeichnet, in den man einläuft, wenn man seinen Lebensmenschen gefunden hat. Ich halte dieses Bild für falsch und irreführend. Es tut so, als ob die Entscheidung, an der Seite eines Menschen durch das Leben gehen zu wollen, der Endpunkt und nicht der Beginn eines manchmal sicher auch beruhigten, oft aber riskanten und abenteuerlichen Unterfangens wäre. Sich für einen Menschen zu entscheiden, kann zwar in bestimmten Hinsichten Sicherheiten bringen, etwa wenn es darum geht, den Lebensunterhalt zu bestreiten oder sich die Arbeit im Alltag zu teilen.

Sich in einer ehelichen Verbindung füreinander zu verpflichten bedeutet, die feste Absicht zu haben und diese öffentlich zu dokumentieren, den eigenen Entwicklungsweg mit dem des Gegenübers zu koordinieren, beide Wege zu einem gemeinsamen zu verknüpfen, sie zu verflechten. Das ist ein mutiger Akt, weil es ein Vorgriff auf Zukunft ist. Es ist mutig, weil es nicht vorwegnehmen kann, was einem widerfahren und begegnen mag. Sich im Vorhinein dagegen vollständig zu versichern ist nur begrenzt möglich. Sich partnerschaftlich oder ehelich zu verpflichten bedeutet, sich einem Prozess zu öffnen und einen Weg miteinander gehen zu wollen, dessen Ausdehnung und Engstellen man noch nicht kennt. Es ist die Offenheit für einen Prozess, der jeder und jedem abverlangt wird.

In anderer Hinsicht aber kommt mit einem anderen Menschen, an den man sich bindet, eine neue Unsicherheit ins Leben. Diese Unsicherheit liegt eben in der Andersheit dieses anderen Menschen begründet. Seine Freiheit macht ihn unverfügbar, auch wenn dieser Mensch so wie ich die Absicht bekundet hat, gemeinsam durchs Leben gehen zu wollen. Dennoch bleiben es zwei unterschiedliche Freiheitswesen mit je eigenen inneren Ressourcen und Möglichkeiten, mit offenen und sicherlich nicht identischen Entwicklungswegen.

Ein »sicherer Hafen« ist das also eher nicht, und wir können später danach fragen, weshalb sich dieses Bild so hartnäckig in den Vorstellungswelten festgesetzt hat. Welches Bild aber wäre geeigneter? Mir kommt das Bild des gemeinsamen Tanzes in den Sinn. In einer liebenden Beziehung geht es darum, koordiniert in Bewegung zu bleiben. Es ist eine rhythmische Bewegung, bei der beide Beteiligte Akzente setzen können und um Ausdruck bemüht sind, aufeinander bezogen, aufeinander angewiesen und doch selbstständig. Zu tanzen, das ist Dynamik und Ausdruck, ein Spiel in wechselseitiger Bezogenheit. Aber ohne Garantie, dabei nicht auch mal zu stolpern.

Ich muss mich entscheiden! Aber wer ist »ich«?

Menschen kommen zusammen und sie gehen auseinander. Die öffentliche Aufmerksamkeit stillt an beidem ihre Neugier. »Wer mit wem – und wer kann nicht mehr miteinander?« Der Fokus von Kirchen und Religionsgemeinschaften ist zwar eindeutig mehr darauf gerichtet, dass Paare sich finden, als darauf, dass sie entscheiden, »getrennte Wege zu gehen«, wie es so eingängig heißt. Doch ist es eine statistisch beinahe erdrückende Wahrheit: Um die 40 % aller geschlossenen Ehen in den deutschsprachigen Ländern werden wieder geschieden. Auseinanderzugehen, nachdem man fest entschlossen gewesen ist, zusammen durchs Leben zu gehen, ist also eine schon zahlenmäßig bedeutsame Angelegenheit.

Ob Thomas Gottschalk oder Iris Berben, Maria Furtwängler, Markus Lanz oder Oliver Pocher – der Boulevard stürzt sich auf die Trennung prominenter Paare, und auch in den Schulbüchern meiner Kinder tauchen neben der bürgerlichen Modellfamilie zunehmend andere Formen des Zusammenlebens, Zweit- und Patchworkfamilien als mögliche Identifizierungsangebote auf. Allerdings wird im allgemeinen Bewusstsein der Gesellschaft und in der öffentlichen Kommunikation auf eine nur sehr oberflächliche Weise mit dem Thema Trennung umgegangen. Diese oberflächliche Art kommt nicht zufällig zustande. Sie »übersetzt« viele der Wertungen und Deutungen, die über Jahrhunderte im Traditionsstrom von bürgerlicher Kultur und kirchlichem Milieu mitgespült wurden. Ich meine, man muss sie sichtbar machen und dann kritisch befragen: Wie werthaltig ist das alles wirklich und entspricht es dem Anspruch des christlichen Glaubens, was sich da überliefert?

Und vor allem: Wie können diese Wertungen geeignet sein, die von Menschen heute konkret durchlebten Erfahrungen zu orientieren? Sind sie eine Hilfe, um mit der Herausforderung, eine gelingende Beziehung zu leben, zurechtzukommen? Mein Verdacht ist: Die gängigen Deutungen sind oft recht dürre Hüllen ihrer einstigen Bedeutung, und sie führen dazu, dass zwar irgendwelche Vorstellungen von Liebe, Beziehung, Partnerschaft und Treue umherschwirren, dass sich Menschen, wenn sie konkret an dramatischen Wendepunkten ihres Lebens stehen und einen neuen Weg finden müssen, damit aber unglaublich alleine und einsam fühlen. Ich möchte das an der Idee von der *Entscheidung*, die der und die Einzelne zu treffen hat, veranschaulichen.

Wenn eine Paarbeziehung auseinandergeht, gibt es natürlich einen Punkt, an dem eine Entscheidung gefallen ist. In den meisten Fällen war es eine der beiden beteiligten Personen, die diese Entscheidung gefällt hat. Indem ich dies schreibe, muss ich mir aber bereits selbst ins Wort fallen. »Eine Entscheidung zu fällen« legt den Eindruck nahe, es handele sich um eine mehr oder weniger überschaubare Angelegenheit. Diese Redewendung übersieht, dass bei einem solchen Schritt mehrere Ebenen unseres Menschseins involviert sind, die mit der Vokabel der »Entscheidung« nur unzureichend benannt werden können. In einer von Zweckrationalitäten bestimmten Welt wird das »Entscheiden« vor allem an die Verhaltenssteuerung im Sinne meines individuellen Nutzens geknüpft. Dabei wird suggeriert, ich habe Einsicht in das, was mir einen Vorteil oder Nutzen bringt, und ich könne dann eine rationale Entscheidung treffen und die Angelegenheit abhaken. Menschsein spielt sich aber auf unterschiedlichen Ebenen ab. Nicht jede Frage, die unser Wohl und Weh betrifft, kann in der Logik des kalkulierbaren Nutzens innerhalb eines zweckrationalen Handlungskontextes betrachtet werden. Gerade bei der Frage danach, mit welchem Menschen wir unser Leben verbringen und es mit ihm teilen möchten, kommen andere Ebenen und Dimensionen ins Spiel, für die eine nach dem Modell des *Homo oeconomicus* gestrickte Rhetorik der Entscheidung schlicht blind ist.

Was mag das für die Frage nach Trennung und Beziehung heißen? Es gilt, die Situationen besser zu verstehen, in denen sich Menschen befinden, wenn sie zu dem Schluss kommen, ein Lebensmodell nicht weiterführen zu können. Dass solche »Entscheidungen« leichtfertig getroffen werden, aus einer Laune heraus oder aufgrund eines kurzfristig angesetzten Interessenkalküls, ist nicht das Erste, was man annehmen sollte. Vielmehr ist es naheliegend, davon auszugehen, dass für den Menschen in dieser Situation sehr viel auf dem Spiel steht. Er oder sie befindet sich in der Not, eine Wahl treffen zu müssen, bei der zwangsläufig vieles unter den Tisch fallen muss – sonst wäre diese Entscheidung ja nicht so schwer. Sich zu trennen von einem Menschen, den man einmal für die Lebenspartnerschaft gewählt hat, bedeutet auch, sich zu trennen von dem, wofür man selbst so lange Zeit eingestanden ist, womit man gerungen und wofür man gekämpft hat. Sich zu trennen bedeutet anzuerkennen, dass eigene Hoffnungen nicht aufgegangen sind, sich nicht – oder nicht mehr – erfüllen, obwohl man sie doch nach wie vor für wertvoll hält. Wer sich trennt, realisiert zu einem bestimmten Zeitpunkt, dass eine Neuausrichtung und Umstellung erforderlich, ja, notwendig sind, um wieder Atem und Perspektive im Leben finden zu können.

Die Anbahnung dieser Einsicht ist oftmals phasenverschoben mit ihrer Anerkennung und schließlich mit ihrer Umsetzung. Das wiederum macht es für den Partner oder die Partnerin so schwierig. Aber in einer solchen Ungleichzeitigkeit zeigt sich auch eine wichtige Qualität des Menschseins. Ein liebender Mensch ist kein »beziehungstechnischer Sachbearbeiter«. Lasse ich mich in einer partnerschaftlichen Liebesbeziehung auf einen Lebensweg mit einem Gegenüber ein, ist das in der Regel ein ganzheitliches inneres Engagement. Ich kalkuliere nicht buchhalterisch, was ich habe und bekomme, sondern setze existenziell darauf, dass das gelingen möge, was meine tiefsten Hoffnungen für diese Beziehung sind. Das kann dazu führen, dass ich lange Zeit an diesem Lebensmodell festhalte, auf eine Entwicklung hoffe, obwohl von außen betrachtet und aus der Perspektive des Gegenübers vielleicht anderes ansteht und gar keine Notwendigkeit für Veränderung gesehen wird. Aber was sollte daran verwerflich sein, an tiefsten Hoffnungen festzuhalten? Ist es nicht auch eine Qualität des Menschen, Hoffnungen hegen zu können und damit in der Lage zu sein, seine menschlichen Beziehungen eben nicht nur nach zweckrationalen Kosten-Nutzen-Rechnungen zu führen?

Auch in der eigenen Hoffnung muss ich allerdings Realist bleiben und in Rechnung stellen, dass die Andersheit meines geliebten Gegenübers aus einer eigenen, von mir nicht vollständig einsehbaren Perspektive, je eigenen Hoffnungen und dahinterstehenden Bedürfnissen einen Widerstand bieten kann, an dem meine Hoffnungen sich brechen. In einem doppelten Sinne könnte man deshalb sagen: Auch in meinen Hoffnungen bin ich nicht alleine. Ich entwickele sie im Blick auf einen anderen Menschen, aber dieser andere Mensch hat seine eigene, unvertretbare Perspektive und damit, so schwer es zu akzeptieren fällt, auch sein »Recht«, nicht die Rolle innerhalb meiner Hoffnung zu spielen, die ich ihm zugedenke.

»Aber ich wollte doch mit dir das Beste« – so empfinden sicherlich viele, die wahrnehmen müssen, dass eigene Hoffnungen nicht aufgehen. Dies anzuerkennen ist jedoch auch ein Schritt in ein umfänglicheres, ehrlicheres Menschsein. Denn es bedeutet anzuerkennen, dass andere mit ihrer Eigenart und ihrem ganz persönlichen Selbstverständnis auch eine Bedingung meiner eigenen Hoffnungen sind. In einer Beziehung habe ich die Verantwortung, eben für solche Unterschiedlichkeiten sensibel zu sein und mich zu fragen, ob ich damit leben kann.

»Du musst wissen, was du willst – jetzt musst du dich entscheiden!« Solche Redeweisen irritieren, weil sie das, was in existenziellen Situationen das menschliche Entscheiden ausmacht, nicht wirklich fassen. Sie reduzieren den Menschen auf ein Wesen, das sich seiner Optionen stets bewusst, seiner emotionalen und willentlichen Ressourcen sicher und der Folgen solcher Entscheidungen ansichtig wäre. Menschen nehmen sich aber oftmals ganz anders wahr als so beschrieben. In existenziellen Fragen treffen sie Entscheidungen unter der Maßgabe von Ungewissheit, Risiko und Mut. Oftmals wissen sie vor allem, was sie nicht mehr leben können oder wollen, nicht aber, wie genau ein besserer Weg aussehen könnte. Der oben skizzierte Entscheidungsbegriff, den man »voluntaristisch« nennen könnte, ist auch deswegen unangemessen, weil er Gewissheiten und eine Selbsttransparenz vorgibt, wo Menschen Unsicherheit gar nicht vermeiden können und eine zunächst tastende Haltung weiterhelfen würde.

Qualität statt Dauer – ein Leben jenseits der 0-oder-1-Logik

Wenn ich vor dem Hintergrund der theologischen und kirchlichen Tradition nachdenke, sticht eine besondere Problematik ins Auge. »Was Gott verbunden hat, das soll der Mensch nicht trennen.« (Evangelium nach Matthäus 19,6) Mit diesem Bibelwort ist das Wesen der christlichen Ehe gekennzeichnet. In der katholischen Kirche gilt die Ehe als Sakrament, das im kanonischen Recht definiert und in seinen Rechtsfolgen beschrieben wird. Als Sakrament, so die Theologie, spiegelt die Ehe den Bund Gottes mit den Menschen wider und kann deshalb nicht aufgelöst werden. Dem nicht möglichen Ende der katholischen Ehe entspricht ihr Zustandekommen: Durch das Ja-Wort der Eheleute wird der Wille zum Ehebund kirchenöffentlich dokumentiert. Darin liegt ein hoher Wert, denn es macht einen Unterschied, ob zwei Menschen ihre Absicht, den Lebensweg gemeinsam zu gestalten, vor anderen bekunden oder nicht. Es wird ein Grad besonderer Verbindlichkeit bekundet, weil andere zu Zeugen dieser Absicht gemacht werden.

Die christliche, insbesondere die katholische Eheform hat aber auch eine Schattenseite. Sie verstärkt die oft still untergeschobene Annahme, die Eheschließung sei mehr Abschluss und weniger Beginn eines nach vorne offenen Weges. Das christliche Eheverständnis, auch weil es sakramentenrechtlich kodifiziert ist und einen damit nicht mehr zu überbietenden Standard setzt, sendet das Signal einer »0-oder-1-Logik«. Entweder man ist drinnen oder draußen, erfüllt den Standard oder nicht. Eine solche Sicht aber verfehlt, worauf es im Kern ankommt: die Ehe zu verstehen als einen verbindlich gewählten Ort für eine gemeinsame Entwicklung. In den vielen kirchlich getragenen Familien-, Ehe- und Lebensberatungsstellen und an anderen Orten seelsorglich-pastoraler Begleitung ist dieses Verständnis längst maßgebend. Aber das Paradox besteht darin, dass ein Entwicklungsverständnis von Partnerschaft es immer wieder schwer hat, gegenüber der von der religiösen Tradition überlieferten Rechtslogik der Ehe Gehör und Aufnahme zu finden.

Die Überlegungen und Beobachtungen führen immer wieder zur Anthropologie, also zur Frage, wie der Mensch am besten zu verstehen ist. Wenn wir den Menschen als ein Wesen betrachten, das Beziehungen mit anderen eingeht, diesen Beziehungen Verbindlichkeit zuspricht, sich die Frage stellt, wie solche Beziehungen gelingen können, so ist die Dimension der Zeitlichkeit aufgerufen. Zu lieben und als liebender Mensch einen Weg der individuellen und gemeinsamen Entwicklung zu gehen, ist nicht vorstellbar ohne Etappen und Stationen. Es gibt ein Heute, ein Gestern und ein Morgen. In manchem Sinnspruch kommt das zum Ausdruck: »Zeit heilt Wunden«, oder auch »Lass die Zeit arbeiten«. Und im Begriff der Treue, der für das Beziehungsleben so wichtig ist, schwingt die Zeitdimension ebenfalls mit. Sich lebenslange Treue zu schwören, ist eine Vorstellung, die als Anspruch an eine Liebesbeziehung oder Ehe herangetragen wird. Dabei kann man von einem engen und einem weiter gefassten Verständnis von Treue ausgehen.

Während das eng gefasste Verständnis vor allem die einmal getroffene Entscheidung für das Zusammenbleiben mit einem Menschen in den Blick nimmt, unterstreicht das erweiterte Treueverständnis die Zielbestimmung einer solchen Entscheidung. Es nimmt in den Blick, dass mit dem Ja-Wort ein Versprechen gegeben wurde, miteinander einen Weg der gemeinsamen Entwicklung zu gehen. Treu zu bleiben bedeutet in diesem erweiterten Verständnis, darauf zu achten, dass diese Entwicklung möglich bleibt und man als Paar oder als Einzelner nicht an einer Stelle stehen bleibt und das Miteinander nicht auf eine einzelne Ausdrucksform des Miteinanderseins fixiert ist. Treu zu sein ist damit gerade das Gegenteil einer Haltung der Erstarrung. Weil der Mensch als geschichtliches Wesen dem Fluss der Zeit und damit auch der Notwendigkeit von Veränderung und Entwicklung unterworfen ist, zeigt sich Treue im Leben einer Liebesbeziehung in einer beständigen Suche nach dem nächsten Schritt.

»Das Leben wird nach vorne gelebt und nach hinten verstanden«, so soll sich der dänische Theologe und Philosoph Søren Kierkegaard (1813–55) wohl einmal ausgedrückt haben. Der französische Religionshistoriker Michel de Certeau (1925–86) spricht von der »Schuld« (la dette) der Gegenwart gegenüber der Vergangenheit. Beide Male handelt es sich um Versuche, die enge und nicht zu lösende Verwicklung von Gegenwart, Vergangenheit und Zukunft zu erklären, die auch in einer zwischenmenschlichen Beziehung eine wichtige Rolle spielt. Das, was ich heute bin und als Partner leben – oder auch nicht leben – kann, verdanke ich auch meiner Vergangenheit, in der das gewachsen und durch die diese Gegenwart geworden ist. Meine Vergangenheit und die Vergangenheit unserer Beziehung erlaubt mir und uns, die aktuelle Gegenwart zu leben. Aus dem Vorgriff auf eine Zukunft wiederum, die Hoffnungen und Ziele freisetzt, erwächst eine Ressource für die Gestaltung der Gegenwart. Diese bleibt dem »Material«, das eine ererbte Vergangenheit ihr liefert, nicht einfach ausgeliefert und dadurch vorherbestimmt.

Was sagen solche Überlegungen zu den Zeitdimensionen, denen menschliches Leben unterliegt, für den Anspruch der Treue? Das Treu-Bleiben kann man als einen qualitativ dichten Begriff verstehen, der weit mehr umfasst als lediglich eine moralische Verpflichtung, keinen anderen Menschen als den anzuschauen, mit dem man verheiratet ist. Der Anspruch, treu zu sein, bezieht sich zunächst auf den anderen Menschen, dem man sich verpflichtet hat. Aber dann hat die Treue auch die Wirkung eines Spiegels und impliziert die Aufforderung, sich selbst immer wieder neu zu lesen: »Wer willst und wer wolltest du einmal sein? Wohin möchtest du gehen und worauf lebst du hin? Wie kannst du dir treu bleiben?« Solche und andere Fragen nötigen dazu, mich »ehrlich zu machen«. Sie bringen mich dahin, mich selbst als eine Lebendigkeit in Bewegung zu begreifen. Sie helfen dabei, mich als ein Geschöpf zu verstehen, das zwar in der Abfolge der Zeiten steht, aber sich dazu aktiv verhalten kann – gerade, indem ich diese Zeitgebundenheit erkenne. Damit löst sich der Zwang, mein Lieben und Bezogen-Sein als statisches Schicksal oder gar meine Ehe als fremde Bürde zu empfinden. Es kann so etwas spürbar werden wie Freiheit. Gerade indem ich merke, welche Prägungen und Vorgeschichte mich zu dem haben werden lassen, der ich bin, entsteht die Chance, dass ich mich dazu verhalte und die Frage stelle: Wer will ich sein – für mich und für mein Gegenüber? Und erst dann kann ich fragen: Wer willst du denn sein? Und welcher Weg wird daraus möglich?

Schmerzen als Quelle

Paare, deren Beziehung zerbrochen ist, müssen mit einer Wunde leben lernen. Diese Wunde kann vernarben, sie kann immer wieder aufbrechen, sie kann auch in Vergessenheit geraten oder eine Erinnerung sein. Sie kann daran mahnen, dass man dem Leben eine Neuausrichtung geben möchte, und wachhalten, was die Gründe gewesen sind, die zur Verwundung geführt haben. Welche Bedeutung die Wunde erfährt, liegt wesentlich an den Verwundeten selbst. Wir sind es, deren Seele so empfindlich verletzt worden ist, und wir sind dafür verantwortlich, diese Wunde zu pflegen und sie langsam heilen zu lassen.

Für den Heilungsprozess gibt es sicher kein Pauschalrezept. Menschen begegnen den Herausforderungen ihres Lebens auf unterschiedliche Weise und haben darauf Rücksicht zu nehmen, welche individuellen Ressourcen und Kräfte ihnen dabei zur Verfügung stehen. Aber auf einer abstrakten Ebene kann man sagen: Wichtig bei solchen Heilungsprozessen ist es, die Vergangenheit in einen Austausch mit meiner Gegenwart zu bringen. Die Abkapselung oder gar Leugnung der schmerzenden Wunde, die in der Vergangenheit liegt, verschlimmert den Schmerz eher, als dass sie ihn lindert. Die Alternative wäre ein Verständnis meiner Existenz in der Zeit, in dem ich meine Gegenwart nicht als »unbeschriebenes Blatt« begreife und alles das, was war, einfach hinter mir lasse. Sondern dass ich die Vergangenheit und das, was darin zur Trennung geführt hat, ansehe, annehme und gleichermaßen »mitnehme« auf meinem weiteren Weg, ohne mich davon erdrücken oder negativ bestimmen zu lassen. Es ist eine Gratwanderung zwischen dem Wunsch nach neuem Leben und Freiheit auf der einen Seite und der Suche nach einem tieferen Selbstverstehen und der damit verbundenen Gefahr der Einigelung im Vergangenen auf der anderen Seite. Dieser Dialektik kann man allenfalls zeitweise entgehen, wenn man nach Wegen neuen Lebens sucht. Befreiung geschieht nicht, indem alte Zöpfe einfach abgeschnitten werden, so sehr Menschen oftmals den Wunsch danach verspüren. Befreiung geschieht, indem ich die Lebensfäden, die mich ausmachen, wahrnehme und sie auf eine neue, andere Weise miteinander verknüpfe.

Mit der Vergangenheit weiterleben, sie aber dennoch neu einordnen müssen ist eine Herausforderung, die sich in besonders intensiver Weise bei Trennungspaaren stellt, die gemeinsame Kinder haben. Denn das Zusammenleben mit Kindern ist der

Erfahrungsort, an dem sich die Dimension der Zeit – des Zeit-verlaufs, der ablaufenden und der in Erwartung stehenden Zeit – vielleicht auf eine anders kaum zu erlebende Weise einstellt. Wer Kinder hat, ist leibhaftig mit dem eigenen Ort in der Generati-onenfolge konfrontiert. Die eigenen Kinder sind einerseits die geliebten Geschöpfe und Adressaten meiner Liebesenergie, die sich in Erziehung, Begleitung, Anteilnahme und auch in Streit und Auseinandersetzung äußert. Kinder sind aber auch diejeni-gen, auf deren Unterstützung ich im Alter vielleicht einmal hof-fen darf und die nach dem Ende meines eigenen Lebens voraus-sichtlich weiterexistieren werden. Und sie sind von klein an ein neuer, zu meinem eigenen Blick auf die Welt alternativer Exis-tenzentwurf. Sie zeigen mir, wie man die Welt auch anders an-schauen, verstehen und erleben kann. Zwei Lernkurven können sich hier begegnen: Während anfangs ich derjenige bin, der Ver-sorgungskompetenz und Weltwissen weitergibt, steigt im Laufe der Zeit die Kurve meines eigenen Lernens von meinen Kindern und dem, was sie mich sehen lassen.

Wer Kinder hat und sich von seiner Partnerin oder seinem Partner und damit vom anderen Elternteil trennt, verkompliziert zumindest den Prozess, mit dem man sich als zeitliches Wesen selbst verortet. Denn die eigenen Kinder verkörpern, bei jeder Begegnung und noch in jedem Gedanken an sie, die Frage, in-wiefern die gemeinsam als Familie initiierte und gelebte Vergan-genheit weiterhin »gilt«. Welchen Stellenwert will und kann man dieser Wegstrecke gelebten Lebens weiterhin geben? Und wäh-rend für die getrennten Partner:innen mit ihrer Partnerschaft et-was endet und man dem Leben nach vorne eine neue Orientie-rung geben möchte, bleibt die ehemalige Verbindung der beiden Elternteile für die Kinder Ursprung und Quelle ihrer Identität und ein nie endender Bezugspunkt ihres Lebensweges. Sie erinnern die nun getrennt Lebenden daran, dass ihre Verbindung einstmals so stark gewesen ist, dass daraus neues Leben hervorgegangen ist.

Meine eigene Erfahrung im Prozess und nach der Trennung von meiner ehemaligen Frau hat mir ungeheure Kräfte abverlangt, um dieser Herausforderung gerecht zu werden – und tut es weiterhin. Wie kann ich mich selbst verstehen als jemand, der einerseits die Entscheidung getroffen hat, die einstmals gewählte Partnerschaft nicht mehr fortsetzen zu können, und der sich deswegen distanziert von vielem, was ich darin durchlebt habe; wie kann ich aber auch derjenige bleiben, der nicht nur »abhakt« und »eine neue Seite aufschlägt«, sondern der in den Kindern und für die Kinder auch unverstellt und positiv etwas davon erkennen kann, was an geschaffener Lebendigkeit und neuen Anfängen in dieser Vergangenheit seine Wurzel hat und fortlaufend neue Spuren in dieser Welt hinterlässt? Das ist eine nicht zu unterschätzende, aber eine wichtige Aufgabe, für die Kinder, aber darin auch für mich selbst. Es verlangt mir das ab, was man »Ambiguitätstoleranz« nennen könnte, oder ganz einfach ausgedrückt: Ich spüre, wie sehr es darauf ankommt, Dinge auszuhalten, ja, zusammenzuhalten, die eigentlich auseinanderstreben. Solch eine Haltung einzunehmen, auch gegen die Impulse meines Bauchgefühls, hat einen großen Wert, weil darin zum Ausdruck kommt, dass augenscheinlich Widerstrebendes gleichermaßen Teil dieses Lebens ist: dass etwas Ungutes enden kann, und dass zugleich bleiben kann, was an Gutem begonnen wurde.

Manchmal wird der Schmerz besonders stark, wenn man sich dem aussetzt und die beiden Pole der eigenen Erfahrung zulässt. Es kann passieren, dass man die Ambivalenz nicht erträgt und

»reine Verhältnisse« schaffen möchte, indem man mit dem gelebten Leben auf eine unversöhnliche, abrupte Weise bricht. So verbietet man es sich allerdings, ein Wesen mit Geschichte zu sein, zu dessen Lebensweg eben auch Erfahrungen gehören, die Trauer auslösen. Und gegenüber den Kindern bedeutet das: Ihnen wird der »Haftpunkt« ihrer je eigenen Geschichte in meiner persönlichen Selbsterzählung weggenommen, was zu einer schwierigen Heimatlosigkeit und mühsamen neuen Identitätssuche der Kinder führen kann. Mir scheint, hier wird etwas verlangt, was ebenfalls zur Qualität des Menschen als geschichtlich-zeitlichem Wesen gehört. Er ist gerade im weiteren Miteinander mit seinen Kindern gefordert, sich darauf einzulassen, dass Neues werden und wachsen kann, aber dass eine Voraussetzung dafür, dass dies geschehen kann, darin besteht, den bisherigen Lebensweg nicht auszublenden. Man sollte diesen Weg – für sich selbst, aber auch vor und mit den Kindern – aktiv annehmen, auch wenn man keine anderen Deutungsangebote dafür hat als die Bilder des »Zu-Ende-Gehens«, des Nicht-Gelingens, der Schmerzen, vielleicht auch der Scherben.

Schmerzen sind das, was man unbedingt vermeiden und umgehen möchte, weil sie lähmen und wie Hindernisse sind bei der Suche nach neuer Orientierung. Aber sie können auch zur Quelle eines neuen Lebens werden. Sie sind auch die Begleiterscheinungen, manchmal auch die Triebkräfte für Übergänge, oder, wie man anspruchsvoller formulieren könnte, Transformationen oder gar, wie die Literatur es manchmal ausgedrückt hat, »Metamorphosen«. Übergänge machen das Leben aus. Nicht immer der- oder dieselbe zu bleiben, sondern in der Zeit mit der Zeit zu gehen und darin das Leben an einem wirken zu lassen, darauf kommt es an.

3.
Feldlazarett. Himmlischer Beistand da, wo er gebraucht wird

Mein Eindruck ist: Die geschilderten Erfahrungen werden von vielen Menschen gemacht, die Trennung erfahren haben und vor der Herausforderung stehen, einen Neuanfang in ihrem Leben bewerkstelligen zu müssen. Wenn man Kinder hat, passt die Vokabel des »Neuanfangs« gar nicht so recht. Denn dann ist oft das Gefühl vorherrschend, vieles geht weiter, obwohl sich wesentliche Grundlagen des bisherigen Lebensmodells doch verändert haben. Man steht vor der Aufgabe, sich anzupassen an die neue Situation und diese möglichst aktiv zu gestalten, obwohl einem vielleicht eher nach Rückzug und Bruch zumute wäre. Das alles sind große, oftmals auch überfordernde Herausforderungen.

Menschen, die sich als gläubig verstehen, ist ihr religiöser Hintergrund in einer so schwierigen Lebensphase oft Zuflucht und Halt. Sie nehmen das Bedürfnis wahr, sich im Innersten selbst neu vergewissern zu müssen, und spüren, wie sehr man dabei auf Ressourcen verwiesen ist, über die man letztlich nicht selbst verfügt. Und ist nicht genau das der Anspruch des christlichen Glaubens – dem Menschen eine Kraft zu sein, die ihn befähigt, sein Leben bestehen zu können? Ihm ein Verständnis von sich selbst zu geben, durch das er merkt: Ich bin nicht alleine, ich werde getragen und gestützt?

Lieben und lösen, miteinander Leben teilen und sich trennen, das gehört zu den existenziellsten Fragen, mit denen Menschen zu tun haben. Und das Christentum nimmt für sich in Anspruch, eine bewährte und vielleicht auch besondere Kompetenz in der Deutung von Existenzfragen zu haben. Das kommt nicht von ungefähr. Kern der christlichen Botschaft ist die Menschwerdung Gottes. Christ:innen glauben: Der biblische Gott ist ein Schöpfer, dem das Schicksal seines Geschöpfes Mensch nicht gleichgültig ist, sondern der sich ihm in Treue und Barmherzigkeit zuwendet. In Jesus Christus wird dieser Gott als einer geglaubt, der den Menschen auf eine unüberbietbare Weise nahe kommt und sich für den Schicksalsweg jedes einzelnen Menschen interessiert und sich mit ihm solidarisch zeigt. In seiner zweitausendjährigen Geschichte hat das Christentum versucht, die Botschaft von Wert und Würde des Menschen und seiner Erlösung in Gott, aber auch seinen natürlichen Potenzialen als Geschöpf Gottes in beinahe alle Winkel der Erde zu tragen. Die Kirchen haben bis heute viel Mühe dafür aufgebracht, Menschen in der Vielfalt ihrer Lebenssituationen und Lebensaufgaben zu begleiten und ihnen ein Ort zu sein, an dem sie sich dieses Wertes vergewissern dürfen – in Seelsorge und Pastoral, karitativer Unterstützung oder geistlicher Begleitung. Eine ganze Fülle theologischer Literatur ist darüber geschrieben worden, dass eben eine solche Haltung der Nähe zu den Menschen eine Konsequenz der biblischen Botschaft sein sollte.

Eine Kirche mit verbundenen Augen

Umso schockierender ist die Tatsache, dass sich die Menschen bei einem der wesentlichen Themen menschlicher Existenz, nämlich bei Fragen nach Liebesglück und gelingender Beziehung, immer mehr von der Kirche abwenden. Dass die sogenannte kirchliche Sexualmoral ausgedient hat, ist heute beinahe schon sprichwörtlich geworden. Noch 1995 musste der Münchner Stadtjugendpfarrer, als er das sagte und damit vielen jungen Menschen aus der Seele sprach, nur wenige Tage nach seiner Äußerung demissionieren. Heute sprechen Bischöfe so, und bei Weitem nicht nur solche aus den deutschsprachigen Ländern. Römische Vatikanbehörden hingegen meinen, die Lehre sei unverändert erhaltenswert, müsse nur besser dargestellt werden – obwohl sie offen infrage gestellt wird.

Viele Menschen stoßen sich insbesondere an der einseitigen Fixierung auf das Thema Sexualität und ebenso an der Art und Weise, wie dieses Thema dann behandelt wird – in einer streng normativen, reglementierenden Weise, die sich auf einzelne Akte und »Vollzüge« stürzt. Viele folgen einem inneren Reflex, wenn sie sich dagegen wehren, einen so intimen Bereich der persönlichen Lebensführung einer Bewertung durch die Instanzen der Kirche zu unterwerfen. Auch die so enge Verbindung von Sexualität und Liebe wird von vielen als Kurzschluss empfunden, der das Thema der Liebe reduziert.

Damit ist vieles noch gar nicht angesprochen, etwa voreheliche Sexualität, Solo-Sex oder die Haltung der Kirche zur Homosexualität, die darin gipfelt, dass im Katechismus zwar eine »respekt- und taktvolle Haltung« gegenüber homosexuell empfindenden Menschen eingefordert wird, aber »homosexuelle

69

Akte« weiterhin als schwere Sünde bezeichnet werden. Allen Absichtserklärungen zum Trotz ist es bisher nicht gelungen, diese Lehre wirklich verbindlich fortzuentwickeln. Die Einwürfe von mittlerweile zahlreichen Bischöfen, die an einer Reform interessiert wären, bleiben auf der Ebene pastoraler Wünsche. Sie haben die Position der Kirche selbst in ihrer oft rechtlich durchgesetzten Unerbittlichkeit nicht verändern können.

Es ließen sich noch einige andere wunde Punkte nennen, an denen sich die Probleme der Kirche mit den Themen Liebe und Sex festmachen, etwa die angstbesetzte Einstellung zu beinahe allem, was mit dem Begriff »Gender« zu tun hat, oder auch LGBTQ-Themen. Sprachlosigkeit, Abwehr und eine allenfalls zaghaft-unbeholfene Neugierde beherrschen die kirchlichen Reflexe. Unterm Strich entsteht eine Lage, die es engagierten kirchlichen Vertreter:innen in der seelsorglichen Praxis fast unmöglich macht, vor dem Erbe dieser Problemgeschichte auf eine konstruktive Weise zu kommunizieren. Bei vielen Menschen käme das auch gar nicht mehr an. Sie haben sich mit einer »Null-Erwartung« gewappnet und einer Kirche, die sich so lange Zeit über mit Defizitdiagnosen und normativen Vorschriften an sie wandte, schlicht ihre Zuhörbereitschaft entzogen.

Für die katholische Kirche ist das eine vertrackte Lage. Sie hat ihre Verkündigung zum Themenfeld Liebe, Ehe und Beziehung seit dem II. Vatikanischen Konzil doch ein Stück weiterentwickelt. Zumindest hat sie die klassische »Ehelehre« um die Liebe erweitert. Nicht nur auf Nachkommenschaft kommt es seitdem mehr an, sondern die Liebe zwischen den Partnern ist ein wesentliches Kriterium für den Wert der Verbindung. Was für die Kirche ein bedeutender Schritt war, weil sie damit die klassische Ehegüter-Lehre des Augustinus erweiterte, klingt in unseren heutigen Ohren nicht besonders spektakulär. Eine emotionale Zugewandtheit zwischen Beziehungspartnern wird von den allermeisten Menschen nicht nur als zusätzliches Element, sondern als die Basisvoraussetzung einer Partnerschaft angenommen.

Trotz dieser Erweiterung bleibt das, was die katholische Kirche zur Liebe sagt, immer noch sehr eng an die Sexualität geknüpft. Und unter Sexualität versteht sie wiederum vor allem körperlich-biologische Vollzüge und Funktionen, die irgendwie reglementiert werden müssen. So ist der kirchliche Fokus auf die gesamte Thematik sehr eingeschränkt. Mir scheint, dass sich bei vielen Menschen der Eindruck eingebrannt hat, der Kirche gehe es vor allem um die Frage, wie »legitime« Beziehungen zustande kommen, nicht aber in erster Linie darum, wie die Liebesbeziehungen, die Menschen wählen, konkret gelingen können. Die Frustration vieler kirchlich noch gebundener Menschen, aber auch das Desinteresse von Außenstehenden gegenüber kirchlichen Aussagen zu Liebe und Beziehung kann ich deshalb gut verstehen.

Eine seltsame Akzentsetzung verstellt den Blick auf vielleicht durchaus vorhandene Ressourcen und das, was die Kirche zu sagen hätte. Diese Problematik ist von vielen meiner Kolleginnen und Kollegen, die Moraltheologie und Theologische Ethik lehren, ausführlich beklagt und beschrieben worden. Ich möchte das hier nicht erneut entfalten, sondern einmal umgekehrt ansetzen und versuchen zu verstehen, was eigentlich die Geleise sind, auf denen das kirchliche Verständnis von Liebe, Ehe und Beziehung beruht. Ich meine nämlich, dass sich erst von dort her ermessen lässt, welche neuen Wege möglich wären.

71

Die Liebe, groß gedacht: ein Bund!

Eines zeichnet das Christentum aus: Es hat ein Talent, meine eigene, oft beschränkte und gefesselte Sicht auf das große Ganze hin zu befreien. Den Blick auf einen Horizont zu richten, vor dem alles Konkrete und Einzelne einzuordnen ist. Ein Panorama zu zeichnen, das mir Orientierung gibt. Damit gelingt es, Himmel und Erde, Diesseits und Jenseits zusammenzubinden. Dem Hier und Jetzt eine Deutung zu geben, die es heraushebt und wertvoll macht. Jeder Schritt im Diesseits kann dann verstanden werden als eine Etappe auf das größere Ziel hin, für das sich alle Mühe lohnt.

Mit diesen etwas bildhaften Worten umschreibe ich eine Grundhaltung. Sie ist vor allem für den römischen Katholizismus und sein Denken bestimmend geworden, auch wenn es in der Geschichte des Katholizismus nüchtern-zurückhaltende Phasen gegeben hat. Meine Herkunft aus dem vom Barock geprägten bayerischen Katholizismus hilft mir in diesem Fall zu verstehen, wie es zum christlichen Verständnis von Liebe und Ehe gekommen ist und weshalb dieses Verständnis so beharrungsstark und veränderungsresistent ist.

Die Ehe zwischen zwei Menschen, so nimmt das Christentum an, kann gar nicht anders verstanden werden als ein Abbild, das auf ein Urbild verweist. Und dieses Urbild ist der Bund, den Gott mit den Menschen eingeht. Und das wiederum drückt sich ganz konkret aus im Bund Christi mit seiner Gemeinde. Jesus Christus, so die Glaubensaussage, ist das Fleisch gewordene Wort Gottes, in dem sich wiederum auf nicht zu toppende Art und Weise Gottes Liebe zu den Menschen abbildet. Die neutestamentlichen Texte erzählen diese »Liebesbeziehung« Gottes in

Jesus: wie er sich für die Menschen interessiert, seinen Blick auf alle richtet, gerade auf die am Rande, wie er alle hineinholt, Menschen heilt, für jede und jeden da und greifbar ist. Er geht sogar in den Tod für diese entschiedene Haltung der Menschenfreundlichkeit, die in der theologischen Sprache so oft mit »Nächstenliebe« bezeichnet wird. Im Kern geht es darum auszudrücken, dass die Liebe Gottes zu den Menschen, die in Jesus menschliche Gestalt annimmt, absolut entschieden, treu und verlässlich ist – also so, wie man es sich auch für liebende Beziehungen unter zwei Menschen wünscht.

Das christliche Konzept der Ehe nimmt nun diese theologische Grundaussage auf und gibt ihr in der Institution der Ehe ein Gefäß. Wo immer zwei Menschen sich ehelich verbinden, soll ihre Ehe genau dafür stehen – dass sich Gott auf die Menschen eingelassen, sich an sie treu gebunden hat, zum Ausdruck gekommen im Bund des Alten Testaments, vor allem aber in Jesus Christus und seiner Entschiedenheit »für die Seinen«. Und genau das meint der Begriff *Sakrament*. Die Ehe soll verstanden werden als ein »heiliges Zeichen«, das den Unterschied macht. Sie stellt eben nicht nur eine Verbindung dar, in der zwei Vertragspartner sich irgendwie miteinander eingelassen haben, sondern sie steht für etwas anderes, etwas Größeres. Sie ist, wie das II. Vatikanische Konzil der katholischen Kirche es ausdrückt, *Bild und Teilhabe* des Bundes Christi mit der Kirche.[7]

Bund, nicht Vertrag, das sitzt. Verweilen wir einen Moment, um über das Entscheidende nicht hinwegzugehen. Einen Vertrag kann man wieder auflösen, wenn die Beteiligten mit den Vertragsinhalten nicht mehr einverstanden sind oder der Vertrag eben nicht mehr im beiderseitigen Interesse liegt. Einen Bund löst man nicht auf! Er unterliegt auch nicht irgendeinem Interessen-

oder Nutzenkalkül. Ein Bund wird angeboten und es ist ein Geschenk, in ihn eintreten zu dürfen, sich seiner würdig zu erweisen. Das tun die Liebenden, indem sie aufhören zu rechnen. Ganzhingabe, nicht Vorteilsmehrung ist der Modus, in dem ich gefordert bin.

Die Ehe als Abbild des Bundes Gottes mit den Menschen zu sehen macht also das ganz große Format auf: In dieser unserer Wirklichkeit, in unserem oft so banalen Alltagsleben, gibt es etwas, das steht fassbar und konkret für eine transzendente Wirklichkeit und darin für die dramatische Spitzenaussage des christlichen Glaubens überhaupt. Dass nämlich der unfassbare, ferne, allergrößte und heilige Gott sich auf die Menschen eingelassen hat und in absoluter Treue zu ihnen steht.

Indem ich diesen Kerngedanken der christlichen Ehe auf diese Weise rekonstruiere, merke ich, wie er mich zugleich fasziniert und erschreckt. Zunächst empfinde ich es als großartig und wunderbar, an dem Anspruch festzuhalten, den Glauben greifbar und anschaulich machen zu wollen. Es hat etwas Zwingendes und Überwältigendes, in einer Lebensform, die wir Menschen gestalten und mit rechtlichen Instrumenten besiegeln können, die Grundbotschaft des biblischen Glaubens nicht nur erahnbar, sondern sogar leibhaftig nachvollziehbar werden zu lassen. Ich binde mich unauflöslich, auf immer, zu hundert Prozent entschieden an einen anderen Menschen, sage ihm meine Verlässlichkeit zu, so wie Gott ebendies für die Menschen getan hat im Bund, den er seinem Volk Israel und in Jesus Christus allen Menschen angeboten hat und an den er auf jeden Fall ein für alle Mal gebunden bleibt. Ich nehme an Gottes Schöpfungswerk teil, indem ich, mich selbst fortpflanzend, selbst als (er)zeugend tätig bin.

Wow! Ich gestehe, dass mich das berührt und ich auch Respekt empfinde vor der Geschichte des Christentums, die dieses Verständnis entwickelt hat. Es ist der Versuch, das ganz Große fassbar zu machen, es herunterzubrechen, es zu übersetzen in eine Sprache, die alle verstehen und gar existenziell – sogar sexuell – sprechen. »Seid fruchtbar und mehret euch!« (Gen 1,28) – das tun menschliche Paare, so wie Gott es als Schöpfer getan hat. Menschen können Mit-Schöpfer sein an der Gestaltung der Erde, es Gott gleichtun, damit ihrem menschlichen Tun und Schaffen einen tiefen Sinn geben, diesen Sinn leibhaftig leben …

Gottesrepräsentation per Lebensform

Ich gebe zu, dass mich aber auch etwas daran erschrecken lässt, und das liegt ganz nahe bei dem, was mich so sehr fasziniert. Es ist die Tatsache, dass es meine Lebensform ist, die als Sakrament diese Gottesbotschaft wiedergeben und verkörpern soll. Liegt eben darin nicht eine ungeheure Spannung? Zunächst, ganz offensichtlich, ist da die Festlegung auf eine nur heterosexuell mögliche Verbindung zwischen zwei Menschen, andernfalls wäre das Modell von biologischer »Fruchtbarkeit« und »Erzeugung« nicht aufnehmbar. Aber mein Erschrecken geht darüber hinaus, und das möchte ich jetzt in den Mittelpunkt stellen. Eine Lebensform ist nicht ein einmal festgestellter Zustand, sondern setzt eine zeitliche Strecke voraus. Und mit dieser zeitlichen Dimension kommt Ungewissheit ins Spiel und Unvorhersehbares. Es kommt das hinein, was im ersten Kapitel »Kontingenz« genannt worden ist. Jeder Mensch ist auf seinem Lebensweg abhängig von Faktoren und Entwicklungen, die er oder sie nicht vorwegnehmen oder auch vollständig einschätzen kann. Aus den besten Plänen und Absichten kann nichts werden und unsere Flexibilität und Anpassungsfähigkeit sind gefordert – das ist der Preis unserer geschichtlichen, welthaften Existenz.

Wenn eine Lebensform, die ich eingegangen bin und zu der ich mich unwiderruflich verpflichtet habe, aber nicht mehr lebbar ist oder nur unter Verkrümmungen meiner Persönlichkeit, wie kann ich dann weiter das sakramentale Zeichen leben und darstellen? Aus dem Versprechen, greifbares Zeichen der Gottesbotschaft zu sein, wird ein Joch, das mich zu einer Repräsentation zwingt, deren Ausdrucksmittel aber doch gar nicht zur Verfügung stehen, weil die Realgestalt der gelebten Ehe sie gar nicht hergibt. Die Spannung, die sich hier auftut und für die das Modell der sakramentalen Ehe keine wirklich angemessene Umgangsweise bereithält, schmerzt.

Ich denke, es ist ehrlich, diese Ambivalenz so offen zu benennen. Aus einem theologisch gewagten, beeindruckenden Anspruch kann eine tief in die Lebensrealität der Menschen hineinwirkende Zwanghaftigkeit werden. Einmal Ehe, immer Sakrament, so das katholische Credo, das im Fall des Scheiterns oder der notwendigen Veränderung einer Lebenssituation nur die Möglichkeit bereitstellt, die kirchlich geschlossene Ehe vor einem Kirchengericht für »nichtig« erklären zu lassen. Viele Menschen scheuen diesen Schritt, weil sie damit ein Urteil über die Zeit ihrer geführten Ehe fällen, das für sie nicht zutreffend ist und verletzend wäre. »Hat niemals gültig stattgefunden« ... so empfinden viele nicht, die sich eingestehen müssen, ihre Ehe nicht mehr leben zu können. Vieles von dem, was in dieser Ehe gelebt wurde, hatte Wert und hat ihn weiterhin. Dass viele Menschen diesen Erfahrungen gelebten Lebens durch eine »Annullierung« der Ehe nicht einfach den Boden entziehen möchten, kann ich sehr gut nachvollziehen. Denn widerspricht so eine »Annullierungspolitik« nicht der Botschaft von einem Gott, der nicht auf das Äußere blickt, sondern in die Herzen schaut (1 Sam 16,7) und erkennt, wo Menschen nach bestem Wissen und Gewissen zu leben versucht haben? Gelingen und Misslingen sind Teil dieses Lebens. Eine Lebensform nachträglich für »nicht stattgefunden« zu erklären, ist ein befremdlicher Umgang mit Leben.

Der Anspruch, mit dem Institut der kirchlichen Ehe etwas »dingfest« zu machen, was man über Gott aussagen möchte, hat auch eine andere Seite, unter der Menschen heute vielfach leiden. Da die christliche Ehe im katholischen Verständnis als Repräsentation des Bundes Christi mit der Kirche verstanden wird, kommt es zu einem weiteren Kurzschluss. Weil Christus ja ein Mann war und der Ehebund eben den Bund Christi mit der Kirche nachbildet, kann das Gegenüber in der Ehe nur weiblich sein. Nur eine heterosexuelle Verbindung zweier Menschen kann wirklich eine christliche Ehe werden, so die Schlussfolgerung. Zwei gleichgeschlechtliche Menschen können per se gar kein Ehesakrament eingehen. Ein weiteres Mal wird sichtbar, welche Auswirkungen die in ihrem Kern beeindruckende Denkweise des katholischen Sakramentenverständnisses haben kann. Ich möchte dies einen theologischen Kurzschluss nennen, weil es am biologischen Geschlecht festmachen möchte, ob und wie eine menschliche Verbindung die Botschaft vom Bund Gottes mit den Menschen darstellen kann.

Wie klein von Gott gedacht ist das denn?! Kommt es in der Logik des Ehesakramentes nicht eben darauf an, den Bund darzustellen, und ist nicht der Gehalt des Bundes die unverbrüchliche Liebeszusage Gottes an sein Geschöpf, den Menschen? Sollten unsere menschlichen Möglichkeiten, diese treue Liebe Gottes zu bezeugen, wirklich auf ein biologisches Geschlechtskriterium festgelegt sein, weil Gott sich vor 2000 Jahren in Jesus Christus in einem geschlechtlichen Mann geoffenbart hat? Offenbar galt ja außerdem im Palästina zur Zeit Jesu die Liebe Gottes Männern *und* Frauen, wenn man den neutestamentlichen Texten trauen darf ...

Die Lebendigkeit des Lebens – im Recht gefangen?

Ich möchte den Ertrag der Überlegungen bis hierher zusammenfassen. Zwei Aspekte sind es, die mich dazu geführt haben, das klassische Modell der kanonischen Ehe zu befragen. Es ist erstens der Zweifel, ob die zeitliche Dauerhaftigkeit ein notwendiges Kriterium sein kann, um sie zu einem Zeichen für Gottes Liebesbund mit dem Menschen zu machen. Und es ist zweitens die Frage, ob die geschlechtliche Differenz der Beteiligten dafür erforderlich ist. Beide Aspekte enthüllen etwas Wesentliches über das katholische Verständnis von der sakramentalen Ehe. Denn es wird darin etwas deutlich, was ich behelfsweise als eine »Ganzheitlichkeitsutopie« bezeichnen möchte. Die Kirche erhebt den Anspruch, mit den Mitteln dieser Welt etwas von Gottes Welt nachbilden zu können. Dafür braucht es eine symbolhafte Sprache. Und deren Vokabular sind nun nichts Geringeres als die Lebensformen und Lebensweisen des Menschen in seinen allerexistenziellsten Belangen – der Wahl seiner Lebens- und Liebespartnerschaft.

Ganzheitlich ist dieser Anspruch, weil er eine Eins-zu-eins-Übersetzung einer Gottesbotschaft mit dem Vokabular menschlichexistenzieller Vollzüge beansprucht. *So wie* Gott sich unwiderruflich in Jesus für den Menschen entschieden hat, so sollen sich Ehepartner füreinander entscheiden … Utopisch ist dieser Anspruch, weil die an diesem Geschehen der Gottesrepräsentation beteiligten Menschen eben Menschen bleiben. Menschen sind nicht immer die Gleichen, sie entwickeln und verändern sich, sie machen Fehler und laufen in Sackgassen. Das Zurückgehen, Umkehren und Neu-Anfangen gehören so sehr zum Menschsein wie die unumkehrbare Entschiedenheit Gottes zum christlichen Gottesglauben. Und so schön der Anspruch der Kirche ist, den Menschen diesen Gott per Sakrament konkret greifbar zu machen, so sehr müsste sie sich auf die Bedingungen des Menschseins einlassen.

Wirkliche Ganzheit kann es unter Menschen und bei dem, was sie tun und vollbringen, niemals geben! Menschen-Werk bleibt unvollkommen – und kann dennoch von tiefer Schönheit und großem ethischen Wert sein. Das, was Menschen leben und wie sie lieben, kann man zum Material und zur Sprache erklären, in der etwas von Gottes Heilsverheißung ausgedrückt wird. Im Bereich des spirituellen Lebens gibt es den Begriff der »Nachfolge«, mit dem genau das benannt wird. Aber hier gibt es grundsätzlich Offenheit für die unterschiedlichen Fähigkeiten und Wege der einzelnen Menschen, sich auf den Weg der Nachfolge zu machen. Beim Sakrament der Ehe hingegen schlägt die Form zu. Einmal entschieden, gilt die gewählte Lebensform per se als sakramentales Zeichen der Menschenliebe Gottes. Eine wichtige Rolle im Sakramentenrecht der katholischen Kirche nehmen das Eherecht und die dazugehörigen Ehegerichte, sogenannte »Ehebandverteidiger« und Nichtigkeitsprozesse ein. Ob die Lebenspartner:innen diesem hohen Anspruch mit dem, was sie in ihrer Beziehung leben, gerecht werden, ist nicht egal, aber es ist erst das zweite Moment. Vielmehr müssen die Beteiligten erst »hinterherkommen«, denn das Zeichen ist per Eheform immer schon gesetzt, mag die Lebensrealität auch aussehen, wie sie will.

Ein befremdlicher Streit: Segen oder Sakrament

Im Zuge der Debatten um eine Reform ihrer Kirche haben viele Katholik:innen in den vergangenen Jahren immer wieder die Frage nach einem Segen für homosexuelle Paare und andere Lebenspartnerschaften aufgeworfen, die nicht dem heterosexuellen Normideal der katholischen Kirche entsprechen. Diese Frage entspricht dem Wunsch, das Leben, das man mit einem Partner oder einer Partnerin auf eine verbindliche und entschiedene Weise teilt, vor Gott zu bringen, es unter seinen Schutz zu stellen, seine Begleitung zu erbitten. Zuletzt wurde die Debatte darüber beim sogenannten »Synodalen Weg« der deutschen Katholik:innen geführt. In der Tat stand am Ende mühsamer Diskussionen ein Beschluss, der Segensfeiern für homosexuelle Paare und wiederverheiratete Geschiedene ermöglichen soll. Niemand, der solche Segensfeiern leitet – geweihte Amtsträger oder Laien –, soll mehr, wie dies bisher offiziell der Fall ist, mit disziplinarischen Konsequenzen rechnen müssen. Gleichzeitig wird aber auch niemand dazu verpflichtet, derartige Segensfeiern durchzuführen. Einer solchen Segensfeier liege die Überzeugung zugrunde, »dass im gemeinsamen Leben von Paaren, die in Verbindlichkeit und Verantwortung füreinander zusammenleben, sittlich Gutes da ist«, so die Aussage des entsprechenden

Beschlusspapiers. Wo sich Menschen lieben, sei Gottes Liebe gegenwärtig. Gleichgeschlechtliche und wiederverheiratete Paare hätten in der Kirche oft Ausgrenzung und Abwertung erfahren. Die Möglichkeit der Segensfeier mache diese Erfahrungen nicht wett, biete der Kirche aber die Chance, »der in diesen Beziehungen vorhandenen Liebe und den gelebten Werten nunmehr Wertschätzung entgegenzubringen und so um Vergebung zu bitten und Versöhnung zu ermöglichen«.[8]

Man kann diese Bewegung anerkennen, auch wenn noch gar nicht sicher ist, ob es einen einheitlichen Standard für solche Segensfeiern geben wird oder ob es für ein schwules Paar beispielsweise einen Unterschied machen wird, ob es in Hamburg oder Ingolstadt um Gottes Beistand für seine Liebe bittet. Aber immerhin: Es wurde und wird über Fragen diskutiert, die noch vor wenigen Jahren mit Sprach- und Denkverboten belegt waren. Die eigentlich drängende Frage, ob es überhaupt einen Sinn ergibt, den Unterschied zwischen Segen und Sakrament so strikt aufrechtzuerhalten, wurde hingegen gar nicht erörtert. Dabei ist das dringend nötig, will man nicht viele der oben beschriebenen, lebensfremden Spannungen der Glaubensgeschichte einfach weitertradieren.

Im Verständnis der allermeisten Menschen, die von der Kirche eine Begleitung ihrer Lebensentscheidungen erbitten, wird kaum ein wesentlicher Unterschied bestehen zwischen Segen und Sakrament. Es geht für sie darum, ihre Entscheidung vor Gott zu legen und seinen Beistand dafür zu erbitten. Welches theologische Fachvokabular die Kirche dafür nun verwendet, wird für sie eher zweitrangig sein. Nun besteht aber von Seiten der Kirche doch ein deutlicher Wertungsunterschied zwischen Segnung und Sakrament: Eine Segnung ist für sie, wie der Synodale Weg es sagt, Ausdruck der »Wertschätzung für eine vorhandene Liebe und die darin gelebten Werte«, während das Sakrament »Bild und Teilhabe der Liebe Christi zu seiner Kirche« (*Gaudium et spes* 48) darstellt. Das eine Mal wird also etwas anerkannt und erbeten, das andere Mal findet eine Art Gleichsetzung statt: »Du liebst ihn, so wie Gott den Menschen liebt.« Mit dem Sakrament wird eine Art neue Realität geschaffen, ein heiliges Zeichen, ein Vergegenwärtigungsakt. Der Segen wird dagegen lediglich erbeten, gibt der Verbindung der Liebenden aber, im Gegensatz zum Sakrament der Ehe, keine andere Natur.

Diese Differenzierungen sind es, die Bischöfe dazu veranlassen, beide Vollzüge streng voneinander zu unterscheiden. Die Menschen, die mit ihrer Liebe vor Gott kommen wollen, werden – ob es sie interessiert oder nicht – mit der Aussage konfrontiert, ihre Verbindung sei keinesfalls eines Sakramentes würdig, aber einen Segen könne man – nach langem Ringen – nun gewähren. Und doch wird dieser Segen ihnen zum Teil noch verweigert, weil einige fürchten, dass die feinen, aber elementaren Unterschiede zwischen Segen und Sakrament im allgemeinen Bewusstsein gar nicht mehr verfingen und damit letztlich der Status des Sakramentes Schaden nehmen könne: eine zwar scharfe und nurmehr kirchenintern nachvollziehbare Position, die aber der Binnenlogik nach schlüssig ist. Ich möchte deshalb fragen, ob die vorhin angestellten Überlegungen nicht den Weg aus diesem Dilemma weisen können. Wäre es nicht besser, den Sinn des Sakramentes neu zu justieren, statt mit einer subtilen Unterscheidung zwischen Segen und Sakrament den Zugang zum Sakrament elitär zu verengen und für die Befriedigung der nicht zulässigen Bedürfnisse ein gnadentheologisches Zweiklassenregime einzuführen?

Ein Ehe-Sakrament für das Feldlazarett!

Anzusetzen wäre meiner Ansicht nach bei dem, was das Sakrament möchte: mit dem Vokabular eines weltlichen Vollzugs Zeichen und Ausdruck einer überweltlichen Wirklichkeit sein. Was aber ist denn geeignet, dieses überweltliche Gut, die unwiderruflich für den Menschen entschiedene Liebe Gottes, zu repräsentieren? Weltliche Vollzüge werden immer fehlerbehaftet, endlich und unvollkommen sein. Wollte man einem weltlichen Gut diese Repräsentation direkt und unvermittelt abverlangen, müsste es in eine Perfektion gezwungen werden, die seine Natur gar nicht hergibt. So ist es beim Institut der sakramentalen Ehe offensichtlich bisher der Fall. Es gibt sie nur perfekt, das heißt unauflöslich. Die Perfektion wiederum wird allein am *formalen* Charakter der Ehe festgemacht – an der juristisch besiegelten, nicht auflösbaren Form. Wie diese Ehe konkret gelebt wird und ob diese gelebte Realität der Beziehung zwischen den Ehepartnern dem Liebesband Christi zu seiner Kirche entspricht, interessiert die Kirche erst einmal nicht. Sie macht daran zumindest nicht den Repräsentationsgehalt fest, um den es ihr geht. In pastoraler Hinsicht interessiert es sie dann schon, von welcher Qualität das Beziehungsleben in der Ehe ist, dafür steht dann das Kurs- und Beratungswesen der Ehe- und Lebensberatungsstellen zur Verfügung.

Die Spannungen im Gebälk des sakramentalen Eheverständnisses sind also deutlich ersichtlich. Zu lösen wären diese aber nicht, indem man den Anspruch des Sakramentes, den Heilswillen Gottes verbindlich ins Hier und Jetzt zu übersetzen, einfach fahren ließe. Es bedarf aber einer besseren, angepassteren und damit verständlicheren Übersetzung dieser Spannungen, als das im Fall der kanonischen Ehe bislang der Fall ist. Und so ist zu fragen: Kann nicht das, was den Menschen in seinem Kern ausmacht, seine Natur als ein geschichtliches Wesen, das wächst und sich entwickelt, kann nicht die Fehlerhaftigkeit und Korrekturbedürftigkeit des Menschen in das Verständnis des Ehesakramentes aufgenommen werden? Das würde bedeuten, das reale Beziehungsleben viel mehr als bisher zum Kriterium des Sakramentalen zu machen. Was wiederum hieße, Ehevorbereitung und -begleitung völlig neu zu fokussieren und aus ihrem Schattendasein herauszuholen. Ehelich zu leben, das fällt nicht vom Himmel, und vieles, was dazu gehört, kann eingeübt und trainiert werden. Die Kirche sollte hieraus eines ihrer Kernanliegen machen, dann könnte sie viel eher erreichen, dass christliche Ehen die Liebe Gottes zu den Menschen darstellen.

Ein solches erneuertes Sakramentenverständnis wird dann auch einpreisen, dass es geschehen kann, dass Ehen zerbrechen, obwohl beide Partner:innen zuvor nach bestem Wissen und Gewissen darum gerungen haben, das zu leben, was sie sich doch vorgenommen hatten. Weil sie vielleicht lernen mussten, dass erhoffte Entwicklungen nicht eingetreten sind und sie sich eingestehen, dass eine Trennung besser ist als ein Beieinander-Bleiben, das eine:n oder beide am aufrechten Gang behindern würde. Und schließlich muss ein erneuertes Verständnis von der Ehe als Sakrament die starre Fixierung auf das biologische Geschlecht nicht länger aufrechterhalten. Das Sakrament steht für die Liebe, die Gott gegenüber dem Menschen aufbringt. Zum Wesen der Liebe gehört es, fruchtbar zu sein und damit Gottes Schöpfungswerk fortzusetzen. Aber Liebe kann auf vielerlei Weise fruchtbar werden, diese Fruchtbarkeit muss nicht ausschließlich auf die biologische Fortpflanzung beschränkt sein, auch wenn diese eine ganz besondere Weise darstellt, das Schöpfungswerk Gottes fortzusetzen.

Die Kirche muss dorthin gehen, wo die Menschen »leben, wo sie leiden, wo sie hoffen«. Das sagt Papst Franziskus. Die Aufgabe der Kirche sei nicht, zu verurteilen, sondern Barmherzigkeit zu üben. Bei Franziskus fällt der Begriff des »Feldlazaretts«. Darunter versteht er die Lebenssituation von Menschen, die verwundbar sind und auf ihrem Lebensweg immer wieder Wunden abbekommen. Für diese Menschen solle Kirche da sein, so der Papst. Ich meine, in der Logik eines solchen Denkens liegt es, das Ehe-Sakrament neu zu denken und es zu befreien aus seiner Hülle der Perfektion. Letztlich sind Sakramente nicht dazu da, dass die Kirche sich mit ihnen ihre Rolle als Heilsmittlerin bestätigen lassen kann, die Sakramente sollen vielmehr einzig und alleine den Menschen dienen, den realen Menschen mit ihren Schrammen, Wunden und manchmal krummen Entwicklungspfaden, für die doch der biblische Gott eine Zusage von Heil sein möchte. Die Option würde also lauten: Für ein breiter ansetzendes Ehe-Sakrament, das die Realformen der Liebe zwischen Menschen zur Basis nimmt, und gegen eine subtil-verquaste Etagenlogik, die zwischen einer »Vollform« Sakrament und einem verbilligten Segensangebot für »niedere« Liebesformen unterscheidet.

4.
Ja-Wort. Wem wir treu bleiben sollten

An dieser Stelle möchte ich einen Gedanken aufgreifen und vertiefen, der bereits angeklungen war, als im zweiten Kapitel von der »0-oder-1-Logik« die Rede war. Damit wurde die Frage erörtert, ob in verbindlichen, partnerschaftlichen Beziehungen nun die Dauer oder die Qualität das entscheidende Kriterium sein sollte. Könnte vielleicht beides miteinander einhergehen? Solche Fragen möchte ich nun nochmals beleuchten, und zwar vor dem Horizont der Überlegungen zur »Ganzheitlichkeit«, die aus Sicht des Christentums für Partnerschaft und Beziehung so entscheidend ist.

Die Frage ist: Was macht eigentlich eine *treue* Liebesbeziehung aus? Macht sich Treue allein an der zeitlichen Dauer fest oder gibt es auch ein Kriterium der Qualität, dem man sich verpflichtet weiß und dem man nicht »untreu« werden sollte? Gibt es gar noch weitere Positionen, denen mein Treueversprechen zu gelten hat? Die Treue ist jedenfalls ein Großkaliber in der christlichen Tradition und im christlichen Eheverständnis. Das Treueversprechen ist klassischerweise auf die Person gemünzt, mit der man den Ehebund eingeht. »Mit dir möchte ich durchs Leben gehen, komme da, was wolle!« Der Gedanke ist mehr als nur romantisch, er ist für viele eine tief wurzelnde Lebenshoffnung und eine starke Motivation in ihrem Beziehungsalltag. Unter dem Druck des spätmodernen Turbokapitalismus wird diese Motivation nochmals verstärkt. Das Nest der Zweierbeziehung wird – auch – als Schutzraum und Zufluchtsort vor den Stürmen des Alltags gesucht.

Treue spielt aber nicht nur eine Rolle, wenn es um Liebe und Beziehung in der Partnerschaft geht. Es ist ein Standard auch für den Umgang und die Beziehung zu mir selbst. Ich kann mir kaum einen Menschen vorstellen, der von sich sagen würde: »Es macht mir nichts aus, mir selbst untreu zu werden.« Im Gegenteil: Sich selbst treu zu sein und zu bleiben, das erfahre ich in meinen persönlichen Freundschaften, aber auch im Bekanntenkreis als etwas, worauf sich beinahe jede und jeder verpflichtet. Aus meiner eigenen biografischen Erfahrung kenne ich allerdings auch das, was ich die »Dialektik der Treue zu sich selbst« nennen möchte: Es gibt eine Sehnsucht, dass ich mir treu bleibe, aber ich merke, wie ich mich dennoch selbst verändere und weiterentwickle. Deswegen muss ich immer wieder neu fragen, was es konkret heißt, mir selbst treu zu bleiben. Das ist an sich nichts Spektakuläres. Menschsein ist eine von der Zeit und ihren Umständen abhängige und nach vorne offene Existenzform. Das wird von den einen als beglückend, von anderen als beängstigend erlebt, je nach Veranlagung und persönlichem Temperament.

Der französische Philosoph Paul Ricœur hat wesentliche Überlegungen hierzu in einem Werk mit dem einschlägigen Titel *Das Selbst als ein anderer* versammelt.[9] Dieses sehr gelehrte Buch hat eine ganz lebenspraktische Botschaft: Ich »gehöre«

niemals ganz mir selbst, »besitze« mich nicht und bin mir selbst niemals vollständig transparent. Meine Motivationen, das, was mich antreibt, meine Identität sind zwar benennbar, aber sie *entziehen* sich zugleich jeder Fixierung. Sie wachsen so sehr mit mir, wie ich eine offene Zukunft vor mir habe, wie ich Kind meiner Zeit mit ihren Einflüssen und Prägungen bin und je nach biografischem Erbe, welches ich mal mehr, mal weniger durchschaue. Für den Anspruch, mir selbst treu zu bleiben, heißt das: Ich muss immer wieder erspüren, wer dieses »Ich« ist, dem ich treu bleiben möchte. Und das kann eine ganz schön mühsame Aufgabe sein.

Komparativ, nicht Indikativ – immer treuer leben

Die christliche Tradition folgt einem hehren Anspruch: Menschen sollen ihrem Gott ähnlich werden und in ihrem Tun und Handeln ein Abbild ihres Schöpfers sein. Die Ehe als Abbild des Bunds Gottes mit den Menschen, davon hatten wir es schon … Um ehrlich zu sein – ein solcher Optimismus ist die Grundmelodie vor allem in den katholischen Traditionen, während Reformation und Protestantismus hier eine kritische Note eintragen, die lautet: So einfach ist das mit der Darstellung und Abbildung nicht, im Gegenteil, gibt man die Gottesbotschaft allzu direkt und ungebrochen in menschlicher Sprache wieder, ist die Gefahr groß, den Allerhöchsten zu verfälschen und damit seiner Botschaft Schaden zuzufügen. Für den Protestantismus etwa ist es gänzlich anmaßend, dass sich eine kirchliche Institution zur allein bevollmächtigten Übersetzerin der Gotteswahrheit aufschwingt.

Ich erwähne diese theologischen Perspektiven nur, um so etwas wie den ursprünglich christlich beheimateten »Quellcode« der Ehe sichtbar und damit nachvollziehbar zu machen, warum wir selbst in der säkularisierten Form unserer Gegenwart noch so über die Beziehungsform der Ehe denken und reden, wie wir es in der Regel tun. Meine These lautet: Die ursprünglich religiöse Matrix lässt uns Ehe und Beziehung nur nach dem Modell eines »Ganz-Seins« denken, hilfreich und angemessen wäre aber ein Modell des »Ganz-Werdens«. Es ist ein feiner Unterschied, aber ein entscheidender. Denn das Modell des »Ganz-Seins« verlangt es dem Beziehungsmodell ab, zu jeder Zeit und einfach per se für die größere Idee und den Anspruch zu stehen, die damit ausgedrückt werden sollen – seien diese nun noch einmal religiös hinterlegt oder nicht. Die Ehe gilt als Repräsentation eines höheren Gutes, das die christliche Tradition in der Menschenliebe Gottes erkannte. Um diesem Anspruch zu genügen, musste diese menschliche Verbindung sozusagen »in den Himmel gehoben« werden – Himmel, Herrgott, Sakrament … so legt es sich einem hier auf die Zunge.

Und die religiöse Form fand ihren Niederschlag im bürgerlich-säkularisierten Verständnis der ehelichen Bande. Dass Beziehungen etwas Wachsendes sind, Entwicklungen unterliegen und auch zerbrechen können, war dem staatlichen Eherecht lange Zeit fremd. Trennung und Neubeginn, das Lösen einmal geschlossener Verbindungen mussten dem Gesetzgeber bis ins 20. Jahrhundert hinein erst abgerungen werden. Bis ins Steuerrecht findet in Deutschland eine Privilegierung von verheirateten gegenüber nicht-verheirateten Paaren statt. Aus staatlicher Sicht hat das seine Gründe, die allerdings mehr mit der sozialstabilisierenden Wirkung von Ehe und Familie zu tun haben, als dass sie einem religiös motivierten Hintergedanken verpflichtet wären. Um nicht falsch verstanden zu werden: Ich finde es gut und richtig, Ehe und verbindliche Partnerschaften zu schützen und ihnen hohe Wertschätzung entgegenzubringen, auch rechtlich-politisch. Worum es mir geht, ist das Leitbild und Hintergrundverständnis, das unserem Denken von Ehe und Partnerschaft zugrunde liegt. Ich bin an dieser Stelle deswegen so hartnäckig, weil ich denke, dass dieses Hintergrundverständnis aus heutiger Sicht weiterentwickelt werden müsste, um der Lebensrealität von Menschen wirklich gerecht zu werden.

Treue im Komparativ also, und ein Verständnis von Partnerschaft, dem die Idee eines »Ganz-Werdens« zugrunde liegt. Was meint das? Es will sagen, dass die so wunderbare Idee, die einer verbindlichen Partnerschaft zugrunde liegt, nicht punktuell, sondern im Prozess verwirklicht und gelebt wird. Als Mensch durchlaufe ich Phasen und Epochen, ich verändere mich und entdecke Fähigkeiten, entwickele Empfindlichkeiten und Talente, wachse im Erkennen, was mein Gegenüber mir schenken kann und was er oder sie mir vermutlich nie geben können wird. Austausch und Gespräche, Zärtlichkeit und Zweisamkeit, Unternehmungen und Geselligkeit – dies und vieles andere mehr sind nicht jederzeit in gleichem Maße vorrangig im Leben einer Beziehung. Und auch der Lebensweg, den ich mit mir selbst gehe, kann dazu führen, dass ich mich besser kennenlerne, in dem, was ich bin und was ich an Veranlagungen mitbringe, und dem, wie ich damit auf mich und andere hin am besten umgehe. Aus dem Jähzorn der Jugend kann einmal tätiges Engagement werden; aus Angst und Schüchternheit vielleicht sensible Wahrnehmung und Zuhörbereitschaft; eine familiäre Prägung kann mich jahrelang gefangen nehmen, bis ich sie vielleicht ansehe und die darin gebundenen Kräfte entbinde zu einer Entschiedenheit, die mich frei macht für mein Gegenüber …

Der Grundgedanke hinter diesen Beispielen also lautet: Erst im Nacheinander und in der Abfolge unterschiedlicher Stationen und Etappen lässt sich der Anspruch verwirklichen, der hinter dem Versprechen von Liebe und lebenslanger Beziehung steht. »Treue« ist ein Maßstab, den es nicht im Indikativ gibt, sondern nur im Komparativ: Hier und jetzt in der Vollform dem zu entsprechen, was ich zu leben versprochen und mir vorgenommen habe, ist für mich als menschliches Wesen eine Überforderung. Es kann nur »auf dem Weg« gelingen, auf der Strecke dessen, was ich lebend verwirklichen und anzustreben vermag. Ich kann diesem Anspruch immer treuer werden, Etappe für Etappe meines Weges. Jeder einzelne Entwicklungsschritt, die unvermeidlichen Seitenwege, die Brüche und Unterbrechungen auf diesem Weg, sicherlich auch die Sackgassen sind notwendige Wegmarken, ohne die ich nicht mehr ich selbst wäre und an denen vorbei sich kein hehrer Wert darstellen lässt, nennt man ihn nun »Treue«, »Liebe« oder »Ehebund«.

Das große Ganze zeigt sich erst *ex post*, nach durchlaufenem Prozess und durchlittenen Schmerzen. Nach allem Stolpern und Straucheln, nach allen Gehversuchen, manchem Scheitern und neuen Anfängen, im Blick auf Liegengebliebenes und nur Begonnenes kann ich vielleicht sagen: Im Blick auf das alles deutet sich ein Ganzes an. Es kann gar nicht anders verstanden werden als im Durchgang durch diese vielen unterschiedlichen Stationen eines Lebensweges, den keiner in Paradeuniform und im Stechschritt einfach so abmarschiert.

Diktatur des Relativismus?

Nun höre ich schon die Einwände! Das sei doch Schönrednerei, um letztlich zu übertünchen, dass man seine Orientierung verloren habe und eben vom rechten Weg abgekommen sei. Eskapismus und Grenzenlosigkeit, gerechtfertigt mit schönen Worten von den »Umständen« und der gegebenen Situation, aus der man nicht herauskönne … So, als ob ich sagen würde: »Ja, es kann sich halt viel verändern, alles ist möglich, am Ende ist es mein Gefühl, das da regiert und alleiniger Maßstab bleibt.« Subjektivismus also, oder, mit den Worten von Josef Ratzinger, dem späteren Papst Benedikt: Ist das nicht der Weg zu einer »Diktatur des Relativismus«, wenn man über Liebe, Treue, Bindung und Verpflichtung so nachdenkt, wie ich das hier tue?

Ich bin nicht dieser Meinung. Alle Überlegungen folgen einer Spannung, der sie nicht ausweichen wollen, sondern für die ich angemessene Umgangswege suche. Der Begriff der Kontingenz schien mir zu Beginn ein guter Ausdruck dafür. Es geht, ganz einfach gesprochen, um die Spannung, die darin liegt, dass Menschen zwar Großes denken, tun und anstreben wollen, sie dies aber nur in jeweils ganz konkreten Situationen umsetzen und leben können. Diese Situationen aber erlegen ihren hohen Ansprüchen oft widrige Bedingungen auf, sodass man sich anpassen, umstellen, mit Kompromissen leben und manchmal einfach das Beste aus einer Lage machen muss. Es ist die in Sozialphilosophie und Moraltheorie so oft beschriebene Spannung zwischen Universalität und Partikularität, zwischen einem normativen Anspruch und einer real vorhandenen Möglichkeit. Nun kann man bedauern, dass es diese Spannung gibt, und man kann sich dafür entscheiden, allein von den Gütern und Normen zu sprechen, die man für richtig hält. Aber das ändert nichts daran, dass Menschen in diesem Leben aus ihrer je konkreten Situation nicht herauskommen – und mit bestimmten Umständen zurechtkommen müssen. Ist es da nicht besser, auf der Suche nach dem richtigen Lebensweg und nach angemessenen Entscheidungen diese Umstände direkt mit einzubeziehen und sie mitzudenken?

Denn wem nützt es, wenn man die ethisch-moralische Messlatte ganz oben belässt, den hehren Werten aber niemals genügt, vielleicht sogar munter und fröhlich beständig unter der Latte hindurchschlüpft und dann ja auch kein besonders glaubwürdiges Zeugnis abgibt? Die katholische Moral mit ihrem naturrechtlichen Erkenntnisanspruch hat lange Zeit ein Gerüst vorgegeben, bei dem kaum etwas anderes möglich war als solche Ausweichbewegungen. Die moralischen Standards wurden so sauber und rein formuliert, dass sie zwar in Schönheit erstrahlen konnten und von manchen als anzustrebendes Ideal angenommen wurden, dabei aber doch nicht in der Lage waren, die in Wirklichkeit recht »gemischte« Lebensrealität der Menschen, die eben nicht aus Schwarz oder Weiß, sondern aus vielen Zwischentönen gezeichnet ist, zu adressieren.

Gerade bei der Liebe stehen aber ganz viele Menschen genau in dieser Spannung: Sie empfinden etwas, dem sie einen hohen Wert zuschreiben, aber sie stehen auch in einer Lebensgeschichte, die ihnen mentale, kulturelle und gesellschaftliche Grenzen und Bedingungen auferlegt, um diesen höchsten Wert zu leben. Dass sie dann gezwungen sind, Wege dafür zu finden, die oft nach Kompromissen aussehen. Dass es sogar vorkommen kann, dass Ideale zu Bruch gehen und sich als trügerisch erweisen. Das ist dann kein »Gegenbeweis« für die Ideale, son-

dern diese Erfahrung macht es erforderlich, eben die Existenz-
bedingungen für meine Ansprüche und Werte anzuerkennen.
Sie haben sich in einem Raum zu bewähren, in dem neben dem
Ideal auch ganz triviale Interessen, Bedürfnisse und – im weitesten Sinne – psychische und soziale Machtfaktoren wirksam sind.

Vielleicht mag man diese Sicht als fürchterlichen Pessimis-
mus lesen und als Relativismus brandmarken. Ich sehe es anders.
Für mich ist sie eine realistische Beschreibung des dramatischen
Reichtums unserer je konkreten Wirklichkeit. Und sie ist eine
wunderbare Chance. Sie fordert mich auf, in meiner Person, mit
meinem eigenen Lebenszeugnis eine unverwechselbare, nur von
mir selbst lebbare Existenzform meines eigenen Wertanspruchs
inmitten dieser Lebenswirklichkeit zu versuchen. Niemand
kann mir das abnehmen, und es gibt kein zweites Zeugnis, das
genau so gelebt wird wie meins. Wage jemand mir zu sagen, wie
es exakt auszusehen hat!

Auf immer und ewig – mir kann ich nicht entkommen

Meine Überzeugung ist: Wir zäumen die Treue zu oft von hinten auf. Das bedeutet, wir reden, religiös, aber auch sonst, beinahe ausschließlich von der Treue gegenüber einer anderen
Person. Dabei vernachlässigen wir, dass diese Treue eine Voraussetzung hat. Sie ist erst zweites Moment und wird erst möglich, wenn wir uns selbst treu sein können. Es gibt verschiedene
Formulierungen, um das zu umschreiben: Ich sollte »bei mir
selbst zu Hause« sein, »einen Vertrag mit mir haben«, »mich
selbst spüren« können und damit nach und nach eine Gewiss-

heit entwickeln, dass mein Handeln und Fühlen in einer ge-
formten, mit meinem Leben »mitgewachsenen« Position wurzeln. Erst dann kann ich überhaupt für andere so etwas wie eine
Adresse sein und meinerseits ein Ort, von dem aus ich den Bo-
gen schlage und mich auf einen anderen Menschen beziehe.

Dieser Zusammenhang ist vielfach beschrieben worden,
in der psychoanalytischen Schule etwa mit dem von Sigmund
Freud eingeführten Modell vom Ich, Es und Über-Ich. Eine
Aufgabe der Selbstsorge ist es, die Fremdsteuerung durch ein
Über-Ich mehr und mehr zu durchschauen. Dann kann ich
mich zu den Impulsen, die ich in mir spüre, verhalten und zu
einem autarken Ich werden. Im Bereich von Lebenshilfe und
Spiritualität hat der buddhistische Mönch und Lehrer Thich
Nhat Hanh bei diesem Gedanken angesetzt.[10] Auch die Den-
kerinnen und Denker der hermeneutisch-philosophischen Tradition und Anthropologie wie Paul Ricœur, Hannah Arendt
oder Helmuth Plessner wären hier zu nennen. Für mein eigenes
Verständnis ist darüber hinaus auch die Handlungstheorie, wie
sie in der pragmatistischen Schule der Sozialphilosophie etwa
von John Dewey entwickelt wurde, wichtig geworden. Entscheidend ist für mich dabei ein Gedanke, der eine in sich dop-
pelte – man könnte sagen dialektische – Struktur aufweist: Als
ein in geschichtlicher Veränderung sowie in sozialer Interaktion
stehendes Wesen ringe ich darum, mich selbst und meine eigenen Entwicklungsprozesse angemessen zu verstehen. Ich strebe
danach, dass mein Selbstverstehen mit diesen Prozessen Schritt
hält. Und zugleich kann ich auch in der Selbstdistanzierung
meinem Selbst niemals entkommen. Ich bin stets darauf angewiesen, wer und was ich bin, ganz gleich, in welch intensivem
Kontakt ich mit diesem Selbst stehe.

Das drückt die Überschrift dieses Kapitels aus. Die stabile Konstante meines Lebensweges bin ich selbst, so seltsam das klingen und so sehr man sich nach anderen sehnen mag, die diese Rolle für mich ausüben könnten. Mir kann ich nicht entkommen, ich muss mich sozusagen »überallhin mitnehmen«. Umso besser also, wenn ich die Herausforderung annehme, mit mir selbst in Kontakt zu treten und dieses Selbst mehr und mehr kennenzulernen. Dialektisch nenne ich diese Aufgabe, weil ich im Prozess des Kennenlernens mich selbst immer wieder als zerbrechlich, unvollkommen und ambivalent erlebe. Je mehr ich mir auf der Spur bin, desto ehrlicher muss ich mir eingestehen, dass ich nicht alles in der Hand habe. Ich bin auch auf andere angewiesen. Und erst wenn ich dies anerkennen kann, werde ich fähig, mich auf andere wirklich einzulassen und ihnen »treu« zu sein.

Bei aller Fokussierung auf mein Selbst höre ich nun den Einwand: »Aber es gibt doch auch Vorgegebenes!« Ja, das ist richtig, und es spielt natürlich eine Rolle. Es ist die Welt, in der wir stehen, Regeln und Routinen, ein gewachsenes Ethos, das, was als richtig und gut gilt. All das hat seine Berechtigung und es ist hilfreich, sich auch daran zu orientieren. Aber ich darf und kann dem nicht einfach blind folgen und meine eigenen, unvertretbaren Entscheidungen delegieren. Gab es vielleicht noch bis vor einigen Jahrzehnten gewachsene soziale Milieus auf dem Land oder in geschlossenen weltanschaulichen Blasen, so ist das heute in den Gesellschaften westlicher Breiten nicht mehr der Fall. Man kann deshalb nicht darauf vertrauen, im Kissen eines Sozio-Milieus getragen zu werden.

Entscheidungen werden mir nicht abgenommen von dem dichten kulturellen Strom, in dem ich mitschwimme, auch wenn es hier und da noch so etwas wie »Überlappungserfahrungen«

gibt. Wenn mir die konfessionelle Umgebung, in der ich mich bewege, vermeintlich nahelegt, wie im Fall der Lebens- oder Beziehungskrise zu verfahren ist. »Sprecht euch aus, erinnert euch an das, was ihr euch aufgebaut habt, und dann weiter voran – man trennt sich nicht!« Häufig verlängern solche Maximen eine persönliche Not nur noch einmal. Weil Menschen schnell spüren, dass ihr Selbst mehr ist als das Produkt einer Sozialisation oder eines Milieus, bricht sich dann das Bedürfnis Bahn, einen Raum zum Atmen zu bekommen, in dem die eigene Entscheidung und Stellungnahme wachsen kann.

Dieses Entscheiden ist immer ein Abwägen, in welches viele Aspekte einfließen. Natürlich spielen dabei die Faktoren meiner kulturellen, weltanschaulichen und mentalen Welt eine Rolle. Aber so wie ich bei anderen Fragen ja die Meinung meiner engen Freund:innen nicht einfach unbesehen zu meiner eigenen Position erkläre, werde ich in Fragen der Lebensorientierung und Liebeswahl um meine eigene, höchstpersönliche Stellungnahme nicht herumkommen. Und genau das ist doch die Not, in der viele Menschen heute stehen. Sie müssen gerade bei der Frage nach dem bzw. der richtigen Lebens- und Liebespartner:in oder nach einer schwierigen Phase innerhalb einer bestehenden Beziehung eine Entscheidung treffen, die ihnen alles abverlangt. Deren Konsequenzen sie nicht übersehen können und die in jedem Fall Kosten nach sich zieht.

Mit mir selbst befreundet sein

Von »Kosten« zu reden, ist an dieser Stelle im Grunde irreführend, weil es beschönigend oder verharmlosend klingt. Wer sich in einem schwierigen Entscheidungsprozess von einem Menschen trennt, den er oder sie einmal als Lebenspartner:in gewählt hat, lässt beinahe immer etwas zurück, und das löst oft große Schmerzen aus. Das können gemeinsame Lebensziele und Hoffnungen sein, materielle Werte und Güter, Ideen zur Lebensgestaltung, die man geteilt hat, oftmals auch der Sehnsuchtsort des gemeinsamen Familienlebens. Es sind manchmal auch Erfahrungen der aufgegebenen Beziehung, die einem bei allen unüberbrückbaren Hindernissen dennoch wertvoll sind. Das alles im Falle der Trennung zu verdrängen, liegt für manche näher, als es bewusst zu erinnern, weil das Differenzierungskraft und -willen erfordert. »Ich trenne mich, aber ich gebe auch etwas auf, muss darauf verzichten …« In einer solchen Lebenskrise, in der es oftmals nur darum geht, den Abend des aktuellen Tages einigermaßen stabil zu erreichen, stehen solche Ressourcen nicht mehr zur Verfügung. Auch hier hilft es, darauf zu blicken, wer dieses Ich ist, das da einer Entscheidung gegenübersteht. Ich bin eine Person, die sowohl eine schmerzhafte Entscheidung im Beziehungsleben treffen musste, und die dennoch eine Wertschätzung für zuvor gemachte Erfahrungen und Erlebnisse hat. Es ist die Logik eines Sowohl-als-auch, nicht die eines Entweder-Oder …

Worauf es mir ankommt, ist Folgendes: Nichts und niemand wird der betroffenen Person solche Abwägungsprozesse und Entscheidungen abnehmen können. Kein alter Freund, keine beste Freundin, keine religiöse Überzeugung. Ich kann sie nur persönlich treffen. Damit das aber überhaupt möglich wird, brauche ich ein »Gefühl für mich selbst«. Mit diesen Worten möchte ich umschreiben, was ich oben als »Treue zu mir selbst« bezeichnet habe. Diesen Begriff der Treue will ich nun etwas entfalten. Dabei hilft das Muster eines Kreuzes mit zwei Achsen und vier verschiedenen Richtungen.

Zunächst zeigt sich eine solche Treue zu mir im Blick zurück. Wie bin ich der geworden, der ich heute bin? Ich erkenne Personen, Ereignisse und Erfahrungen, die aus mir den gemacht haben, als der ich mich vorfinde. Das können familiäre Prägungen sein, Beziehungen zu Menschen, die bedeutsam waren, aber auch Geschehnisse und Erlebnisse, die meinen Lebensweg säumen und die sich im Rückblick als prägend herausstellen. Manche Reisen, Begegnungen und Aktivitäten etwa. Treue zu mir »nach hinten« heißt nun, diesen Stationen Aufmerksamkeit zu schenken und wertzuschätzen, welchen Anteil sie an meiner Entwicklung haben. Welche Versprechungen und Verpflichtungen bin ich eingegangen und wie sehr engagiere ich mich, diesen Bindungen treu zu bleiben? Am intensivsten wird diese Dimension erfahren, wenn man Kinder hat. Kinder sind eine Treueverpflichtung, die zwar ihren Ursprungsort in der Vergangenheit hat, die aber die Treue »nach hinten« bereits mit der »Treue nach vorne« verknüpft. Den allermeisten Eltern sind Kinder ein Quell tiefer Lebensfreude und eine lebenserhaltende Kraft. Sie sind eine Erinnerung daran, dass ich einen Ort, eine Rolle und eine unabtretbare, eben elterliche Verantwortlichkeit in der sozialen Welt und in der Generationenfolge habe. Ich muss für Kinder sorgen, zu ihrer Entwicklung beitragen und ihnen Wege in die und in der Welt ermöglichen.

Kinder erinnern mich an meine Zukunft, indem sie mir mit ihrem eigenen Entwicklungsweg die Frage vorlegen: Woran glaubst du? Worauf hoffst du? Was ist dir wichtig? Solchen Fragen kann ich kaum ausweichen, wenn ich verantwortlich meiner Elternrolle gerecht werden möchte. Indem sie meine Kinder sind und von mir erwarten, dass ich ihnen erst Vorbild und Helfer bin, später ein Sprungbrett ihrer eigenständigen Entwicklung, legen sie mir diese Fragen vor, ganz existenziell. »Treue nach vorne« gibt es aber auch ohne eigene Kinder. Es ist die Suche danach, worauf ich in meinem Leben zu hoffen gewagt habe und was mich eigentlich antreibt. Was ist meine Sehnsucht und welche Schritte bin ich bereit dafür zu gehen?

Die Treue in der horizontalen Ebene betrifft mein Leben in der Gegenwart. Soziale Bindungen und gesellschaftliche, institutionelle, weltanschauliche Einbindungen, die ich im Alltag praktiziere, machen einen wichtigen Teil meiner Identität aus. Mich als Menschen zu verstehen, der sich eben hier und nicht dort engagiert, lieber Teamsport betreibt als alleine wandert, sich gerne in Fremdsprachen ausdrückt oder aber im Dialekt, die Musik dem Kino vorzieht, sich aus Überzeugung vegan ernährt oder sich im kulinarischen Mainstream wohlfühlt, das sind alles Optionen, die mich ausmachen.

Mir selbst kann ich nicht entkommen, aber ich kann vor mir fliehen. Das geschieht, indem ich es vermeide, mich mit mir auseinanderzusetzen und diese hier vorgeschlagene »Treue zu mir« zu entwickeln. Ein wichtiges Element, um die Liebe zu einem anderen Menschen leben zu können, ist es, neben der Anpassungsfähigkeit auch meine eigenen Bedürfnisse, Triebkräfte und Ressourcen gut zu kennen. Keiner vermag mir eine Garantie zu geben, dass solches Lieben gelingt, aber die Treue zu mir selbst kann ein Kompass sein, um in den nicht vorsehbaren Stürmen, die Liebe und Beziehung mit sich bringen, zu bestehen.

Beziehungen leben lernen – das muss der erste Fokus sein!

Ich möchte einen Moment innehalten. Wohin haben die bisherigen Überlegungen geführt? Meine Absicht ist es, vorherrschende Arrangements der Moral daraufhin zu befragen, ob sie geeignet und angemessen sind, um heute Orientierung zu vermitteln. Ein besonderer Akzent liegt dabei auf dem Narrativ der christlichen Moral, vor allem in ihrer kirchlich vertretenen Version. Ich möchte nicht Bilderstürmer sein, sondern jemand, der Fragen stellt, wo sich die religiösen Institutionen auf ihre einmal festgezurrte Lehre festgelegt und das Fragen eingestellt haben. Diese Lehre erweckt den Anschein, als ob erwiesen sei, wie man partnerschaftlich zu leben und zu lieben habe: ehelich exklusiv, heterosexuell, sein Begehren im Griff …

Fragen tun sich aber auch da auf, wo die Moral der bürgerlichen Gesellschaft auf eine gar nicht transparente Weise Leitbilder transportiert, die ihre Berechtigung scheinbar nirgendwo ausweisen müssen. Was meine ich? Da ist ein Optimierungswahn auf der einen Seite, aber auch das unserer marktwirtschaftlichen Lebensform so tief eingelassene Diktat nach ständiger Leistungssteigerung. Auf Liebe und Beziehung gemünzt heißt das: Mir wird suggeriert, dass ästhetische und emotionale Optimierung immer möglich sind und dass ich das Beste aus mir zu machen habe. »Es geht noch mehr, wenn du es nur willst und angehst.«

Ich bin der Auffassung, dass in solchen Imperativen wesentliche Einsichten in das, was den Menschen ausmacht, zu kurz kommen; dass es nicht den »Menschen an sich« gibt, sondern er oder sie sich immer in konkreten Situationen bewähren muss und dann eine Anpassung der Normen und Ideale gefordert ist;

dass unser Leben wesentlich darin besteht, mit Neuem und Unvorhergesehenem umzugehen; dass wir uns manchmal ein Rätsel sind und dennoch uns selbst die besten Freund:innen werden können – und erst dann zu guten Partner:innen. Diese Überlegungen führen letztlich zu einer Erweiterung dessen, was in der akademischen Reflexion so hochtrabend als »Anthropologie« bezeichnet wird, also das Verständnis vom Menschen. Mit dieser Erweiterung im Gepäck möchte ich einen Blick auf verschiedene Felder werfen, die für die Lebensführung vieler Menschen wichtig sind.

Da ist zunächst das Leben in Partnerschaft und Beziehung. Legt man ein Menschenbild zugrunde wie hier skizziert, müsste das kirchlich vertretene Ehe-Konzept erweitert werden, weil es zu formalistisch vorgeht. Die Ehe als Bund und Vertrag zu sehen und ihr eine religiöse Analogie zu hinterlegen hat dazu geführt, dass zunächst im Fokus steht, wie »gültige« Verbindungen zustande kommen. Erst im Anschluss ist dann von Interesse, wie eine gute Beziehung gelebt werden kann. Ich möchte mit dieser zugegebenermaßen etwas grob gezeichneten Einordnung nicht die gute Arbeit schmälern, die von vielen Ehe- und Lebensberatungsstellen, in Kurs- und Einzelarbeit, geleistet wird. Aber diese wertvolle Arbeit wird vom kirchlichen Recht und dessen reichlich formaler Auffassung von Ehe und Partnerschaft in den Schatten gestellt. Diese Auffassung, die ja auch das staatliche Recht geprägt hat, ist sehr schematisch strukturiert. Es gibt »verheiratet« und »unverheiratet«, und danach wird sortiert. Ist das einmal geklärt, darf man sich auch mit der Qualität der gelebten Beziehung befassen …

Ob eine Ehe oder Lebenspartnerschaft gelingt, hängt aber von vielen Faktoren ab, für die ein solcher Formalismus blind ist: etwa die Frage, ob es im Leben der Ehe oder Partnerschaft genügend Spielräume gibt, in denen sich die beiden Partner:innen entwickeln und wachsen können. Die Erfahrung in vielen Partnerschaften ist auch: Es gibt Phasen, da lebt man eher neben- als miteinander. Solche Phasen sind manchmal sogar notwendig und hilfreich, um die Wege wieder zusammenlaufen zu lassen. Und die Entwicklung der Beteiligten kann auch so weit auseinandergehen, dass man prüfen muss, ob eine Trennung der seelisch gesündere Weg ist. Andere wiederum ziehen nach einem jahrzehntelangen Leben in gemeinsamer Beziehung das Resümee: Wir haben eigentlich zwei, vielleicht drei, jedenfalls mehrere recht unterschiedliche Beziehungen unter dem formalen Dach unserer Ehe geführt. Zusammengeblieben sind wir vielleicht auch, weil es Gewohnheit war, auch aufgrund äußerer Konvention … Es mag nicht die schlechteste Erfahrung sein und viele Paare blicken im Alter dankbar und glücklich auf die bewältigte gemeinsame Ehezeit zurück, auch wenn sie sehen, wie wenig die Wette von vornherein gewonnen war.

Diese Konstellationen ließen sich um weitere ergänzen. Es ist hier nicht der Raum und ich habe auch nicht die Kompetenz, einen Monitor des Ehelebens unter den Bedingungen der Spätmoderne zu erheben. Es wird aber doch deutlich, wie unsensibel die Instrumente des kirchlichen »Eherechts« mit der so vielfältig-dichten Wirklichkeit partnerschaftlichen Lebens umgehen. Und deshalb scheint mir, es bedarf hier einer grundständigen Korrektur, was Interesse und Fokus anbelangt. »Einmal Ja gesagt, immer gültig …« – dies ist ja die Maxime, die zutiefst unser Hintergrundverständnis von Ehe und Partnerschaft prägt. Um es ganz klar zu sagen: Ich finde es großartig und bewundere es, wenn lebenslange Partnerschaft gelingt. Aber weshalb ist das quasi ein *side effect*, zu dem die offizielle Lehre wenig bis gar nichts beiträgt und dessen Gelingen allein den beiden Partner:innen aufgegeben ist?

Könnte nicht das erste Interesse der Religionsgemeinschaften beim Thema Ehe und Partnerschaft darin bestehen, den Beteiligten allen nur erdenklichen Beistand auf ihrem Weg anzubieten? Anstatt sich als Agentur für das Eheschließungsritual zu begreifen, sollten die Kirchen Mühe und Fantasie aufwenden, um Beziehungsführungskompetenzen zu vermitteln. Damit gewönnen Sie auch den Blick dafür, dass Beziehungen auseinandergehen können. Und auch dann ginge es weiter: Sollten die getrennten Partner:innen nicht fortan genauso im Fokus stehen – als Menschen, die den Bund versucht haben und vielleicht die schwierigste Entscheidung ihres Lebens treffen mussten, nun eine harte Zeit bestehen und sich selbst neu finden und erfinden müssen?

Ich weiß, dass es in der einen oder anderen Lebensberatungsstelle Kursangebote hierzu gibt. Aber dass die Menschen, die so etwas durchleben, wirklich ein Hauptinteresse christlicher und kirchlicher Beziehungspastoral bilden, kann ich nicht erkennen. Wie auch anderswo, so gibt es hier eine bizarre Spannung: Weil es der Kirche einerseits nicht gelingt, ihre Lehre und darauf aufbauend ihre rechtlich formatierten Handlungsstandards grundständig zu erneuern, sie andererseits aber in ihrer pastoralen Praxis durchaus nahe an den Menschen und deren Bedürfnissen ist, etabliert sich ein Regime von *double standards*: Hier die juridisch geformte Lehre, die eine formalistische und oft unerbittliche Art und Weise vorgibt, mit fein nuancierten Lebensthemen wie Liebe und Partnerschaft umzugehen – dort eine durchaus sensible Begleitungspraxis in Seelsorge und Beratung, welche dieselbe Lehre und ihr Recht unterläuft. Diese Paradoxalität muss man leider als typisch katholisch bezeichnen.[11]

Treu werden und mir trauen: als Mensch mit geschlechtlicher Identität

Ein besonderes Feld, auf dem die »Treue zu mir selbst« wichtig werden kann, ist die sexuelle Identität. Homosexuell empfindende Menschen wurden kulturgeschichtlich beinahe immer schon diskriminiert. Homosexualität wurde und wird – nicht nur in den Religionen, sondern auch gesellschaftlich – als »das andere« des vermeintlich »Normalen« und »Natürlichen« verworfen und bekämpft. Ebenso wie Menschen stigmatisiert werden, die eine Veränderung ihrer geschlechtlichen Identität erleben und mitvollziehen. Sie spüren, dass ihr begehrender Körper und die sozial und kulturell geprägte Sicht ihrer geschlechtlichen Identität nicht (mehr) zusammenpassen.

Man könnte hier auch die üblichen Begriffe wie »transgender« oder »transident« verwenden. Es ist leider zu erleben, wie sich damit allzu schnell eine Schublade öffnet und etwas abgelegt wird, was noch gar nicht wirklich verstanden worden ist. Das hängt mit einem weiteren Reflex zusammen. Nicht nur in religiösen Milieus, sondern auch in rechtspopulistischen Denk- und Redeweisen ist oft auf eine unglaublich abwertende und verurteilende Weise vom Begriff »Gender« die Rede. »Gender-Gaga« sei das, davon möge man sich nicht beirren lassen. So als ob in Form einer großen Ideologie etwas vollkommen Irrelevantes und zugleich Gefährliches in die Köpfe eingepflanzt werden sollte. Leider gibt es diese Stimmen auch im Katholizismus. Die Abwehr gegenüber dem Begriff »Gender« wird hier nochmals beschwert mit dem Argument, solches Denken widerspreche dem Willen Gottes, seinem »Schöpfungsplan«.

Ich gebe zu, dass mich die Abwehr gegen den Gender-Begriff befremdet und die Bewertungen und Schlussfolgerungen zum Teil entsetzen. Ich würde so weit gehen zu sagen: Solche Abwehr verkennt, dass mit sogenannten »gender-sensiblen« Sichtweisen der Kerngehalt der christlichen Botschaft zum Ausdruck gebracht werden kann. Für mich zeigt sich das in besonderer Weise, wenn Menschen mit viel Mut und Schmerz dahin kommen, sich über ihre geschlechtliche Identität zu äußern oder sie zu verändern. Denn eines scheint mir in den hitzigen Diskussionen oft unterschlagen zu werden: dass die allermeisten transidenten oder transgeschlechtlichen Menschen einen solchen Schritt gehen, um einem tief wurzelnden Bedürfnis ihrer Persönlichkeit gerecht zu werden.

Es ist eben nicht so, wie von außen und oberflächlich nahegelegt wird, dass da jemand mit dem Merkmal der Geschlechtlichkeit spielt wie mit einem beliebigen Mosaiksteinchen der variablen Selbstdarstellung – heute so, morgen so … Vielmehr passen Menschen etwas an, sie bringen das, was sie in ihrem Innern sind, in Übereinstimmung mit ihrem leiblichen Empfinden. Damit gewinnen sie eine Ganzheit ihrer Person, die sie zuvor lange Zeit vermisst haben. Sie ringen damit, mehr und mehr die zu werden, als die sie sich empfinden. Und ist nicht das ein wesentlicher Anspruch des christlichen Glaubens: die zu sein, die wir sind? Sich selbst als genau den Menschen anzunehmen, als den wir uns vorfinden, weil wir davon ausgehen dürfen, dass Gott uns so und nicht anders gewollt und mit seiner Liebe ins Leben gerufen hat.

Was ist daran verkehrt? Das fragen zunehmend viele Menschen, auch in der Kirche. Die bisherigen kirchlichen Positionierungen erweisen sich als hilflos und ungeeignet: Es gibt quasi keinerlei Raum, in dem auch beleuchtet wird, wie soziale und kulturelle Faktoren mitverantwortlich sind für das, was wir »Geschlecht« nennen. Nach kirchlicher Lehre sind es allein die biologischen, primären Geschlechtsmerkmale, welche Mannsein und Frausein markieren. Und so wie es dann nur zwei, komplett eindeutig zugeordnete Geschlechtlichkeiten geben kann, ist auch der ganzheitlich liebende Bezug zwischen Menschen exklusiv auf die heterosexuelle Beziehung festgelegt. Das Maximum an Toleranz, das die Kirche sich erlaubt, ist es zu sagen, dass »unrechtmäßige Zurücksetzung von Homosexuellen« nicht akzeptiert sei und man ihnen mit »Achtung, Mitleid und Takt« begegnen solle. Na, vielen Dank, sagen da viele. Es ist eine seltsam schizophrene Haltung: Homosexualität als Veranlagung kann man nicht mehr leugnen, es sind auch Geschöpfe des einen Gottes, also begegne man ihnen mit Respekt. Der Respekt endet aber da, wo Homosexualität gelebt werden will als Ausdruckssprache der Liebe: Sexuelle Akte gelten der Kirche weiterhin als »ungeordnet« und als schwere Sünde – sie sind zu unterlassen.

In der Kirche führt das zu vielen Verwerfungen. Bekannt wurde vor einiger Zeit der Fall eines Wuppertaler Pfarrers, der wiederverheiratete Geschiedene und homosexuelle Paare segnete. Obwohl zuvor bereits der Synodale Weg der deutschen Kirche mit überwältigender Mehrheit dafür plädiert hatte, solche Segnungen zuzulassen, verbot der Kölner Kardinal dem Pfarrer diese Feiern. Der reagierte nicht, wie sonst oft üblich, mit stillem Rückzug, sondern benannte die Wirklichkeit offen heraus: Wenn man den von Rom verlangten Umgang mit homosexuellen oder wiederverheirateten geschiedenen Paaren konsequent handhaben wolle, »müssten wir über die Hälfte der Leute, die unsere Pfarrgemeinden tragen, von der Kommunion und den Sakramenten ausschließen. Und da sage ich: undenkbar!«, so Pfarrer Ullmann gegenüber einer Kölner Zeitung. »Nach 38 Jahren in der Seelsorge befremdet es mich und macht mich auch traurig, dass ich mich in Widerspruch zur kirchlichen Lehre setzen muss, wenn ich die Menschen erreichen will. In der Geschichte der Kirche war vieles verboten, was die Gläubigen sich irgendwann nicht mehr haben verbieten lassen. Im bürgerlichen Bereich nennt man das ›zivilen Ungehorsam‹«.[12]

Es sollte doch zu denken geben, dass ein Instrument wie ziviler Ungehorsam nötig ist, wenn die regulär Zuständigen in der Kirche einfach nur dafür eintreten, dass Menschen sich selbst gegenüber treu bleiben. Dass sie sich selbst trauen. Nichts müssten christliche Kirchen mehr unterstützen als solche Prozesse der Selbstfürsorge und Selbstverantwortung, zumal wenn Menschen ihre Liebe vor Gott tragen und dafür Segen empfangen wollen.

Unkündbar verbunden. Familie

Alle halbe Jahr' ein neues Leben … Ganz so heftig ist es nicht, aber wer Kinder hat, weiß, dass sich mit dem Größerwerden des Nachwuchses beständig neue Aufgaben und Herausforderungen stellen, die man oft kaum vorhersehen kann. Lebens- und Lernphasen folgen vor allem in der frühen Kindheit schnell aufeinander. Krabbeln, Sitzen, Laufen; Windeln oder schon Toilette; Gläschen-Nahrung oder gemeinsamer Mittagstisch; Schreien, Lautieren, erste Worte – die Entwicklungsschritte erfolgen nicht nur kontinuierlich, sondern manchmal auch ziemlich »disruptiv«, wie man neudeutsch so schön sagt. Und sie betreffen auch die Entwicklung der Persönlichkeitsmerkmale des Kindes.

Ich erinnere mich an meine eigenen Kinder. Als meine älteste Tochter ein Kleinkind war, musste ich beruflich öfter für mehrere Tage verreisen. Dann kam ich nach nur zwei oder drei Nächten wieder nach Hause und dachte mir: Was habe ich schon wieder verpasst, wie hat sie sich verändert, ist sie älter geworden! Und so geht es weiter, wenn die Kinder wachsen und Teenager werden. Heute noch zermürbende Debatten um vermeintliche Nichtigkeiten und problematische Marotten, die mein Vater-Ego auszumerzen gedenkt – morgen schon vernünftige Gespräche auf Augenhöhe, die mich ins Staunen versetzen. Was mich die eigenen Kinder doch lehren können! Dann der 11-Jährige, der tagsüber meinen emotionsgeladenen Vollcrash mit der 15-Jährigen verfolgt hat und mir abends am Bett seine glasklare und ebenso taktvoll vorgetragene Analyse meiner eigenen Blindheiten präsentiert. Keine Frage, ich muss mich ohne Umschweife bei der Ältesten entschuldigen ...

In Mexiko gibt es eine Partei, die trägt den wunderbaren Namen: »Partei der institutionalisierten Revolution« (PRI). Sie ist keine Splitterpartei, sondern war einmal ein *big player* der politischen Landschaft, hat in der Vergangenheit öfter die Regierung gestellt. Der Name hat mich schon fasziniert, als ich ihn in den 1980er-Jahren zum ersten Mal in den Nachrichten hörte, und er kommt mir in den Sinn, wenn ich an das denke, was Familie ausmacht. Das »Band der Familie« bildet den institutionellen Rahmen um einen bunten Strauß aus lauter höchst individuellen, kreativ-vielfältigen Entwicklungslinien, die dieses Gefäß wie eine Vase brauchen, um gehalten zu werden und auch um Wasser zum Leben zu bekommen. »Familie« ist ein Name für Herkunft und Prägung, aber auch Basis und Sprungbrett für Unvorhersehbares und einen Exodus aus dem Vertrauten. Nur eine kleine Abänderung im Namen würde ich vorschlagen und einen Buchstaben fallenlassen: Familie, ein Ort für die ständige *Evolution*, die Erneuerung und Weiterentwicklung aller Beteiligten …

Familiär miteinander verbunden zu sein, birgt nun ein ganz besonderes Verständnis von Treue. Es ist eine Treue, die darin besteht, einer Verbindung, hinter die ich nicht zurückkomme, gerecht zu werden. Keine Trennung, keine Distanzierung, kein Streit vermag das Band zwischen Eltern und Kindern, oder auch das zwischen Geschwistern, zu eliminieren. Es besteht und ich kann es allenfalls ausblenden und davor zu fliehen versuchen. Es ist ein Band, aus dem ein Bund werden kann. Als Vater – oder als Mutter – kann ich die Herausforderung annehmen, an diesem Bund zu knüpfen. Und das heißt zu versuchen, in der Verbindung zu bleiben, in die ich per Generationenfolge eingebunden bin. Darin bleiben, indem ich meinem Kind, das sich in der Entwicklung befindet, ein Bezugspunkt bleibe, der ihm Freiheit und zugleich Halt im dynamischen Prozess des Wachsens und Neuwerdens bietet. Gar nicht so einfach – weil es mir ständig die Frage nach mir selbst stellt, meinen eigenen Werten, meinem Standpunkt, meinem Handeln in dieser Welt.

Treue, familiär gedacht, wird in ganz besonderer Weise herausgefordert und benötigt, wenn die Eltern sich als Partner:innen getrennt haben. Denn als Eltern trennen sie sich ja nicht. Im Gegenteil, sie können es gar nicht, sie werden immer gemeinsam Eltern bleiben. Die Aufgabe, vor der viele Eltern in solchen Lebenslagen stehen, sind sehr groß und es gibt nicht sehr viele Stimmen, die das sehen und wertschätzen. Es sind mehrfache Treuerufe, die da vernommen werden und auf die man Antworten zu finden hat.

Da ist zunächst die gemeinsam als ungetrennte Familie gelebte Vergangenheit. Die Kinder leben meist in tiefer Verbindung mit den Erinnerungen an die gelebte Gemeinsamkeit. Sie wollen und können sich davon nicht lösen, sich nicht davon distanzieren oder die Vergangenheit relativieren, die doch eben noch der Raum ihrer Suche nach Selbstwerdung war. Für die getrennten Eltern hingegen ist diese Vergangenheit auch der Ort eines Schmerzes, weil sie darin vielleicht bereits Anzeichen ihrer heute nicht mehr glückenden Zweisamkeit erkennen. Die Herausforderung besteht nun darin, Gemeinsames und Trennendes zusammen existieren lassen zu können – im Interesse der Kinder, aber eben auch im eigenen Interesse, weil es ja Teil des eigenen gelebten Lebens ist. Wie viel leichter wäre es oftmals zu verdrängen, abzuspalten, zu vergessen … Familiäre Treue bedeutet aber, einen Zusammenhang zu erhalten, auch wenn mein eigener Weg mittlerweile darüber hinausgeführt und neue Räume erschlossen hat. Das, was ich einmal gelebt habe, bleibt doch Teil von mir.

Treue und die Arbeit am Bund gilt bei getrennt oder geschieden lebenden Eltern in einer speziellen Weise auch meinem ehemaligen Partner oder meiner Partnerin. Denn mit dem getrennten Elternteil trägt man Verantwortung für das gute Gedeihen und Wohl der Kinder. Wie viele dämonische Stimmen sagen einem in der Trennungssituation: Was tust du den Kindern da an? Mir selbst wurde das gesagt und wenn man ein einigermaßen sensibler Mensch ist, wird das sofort am Vaterherz rütteln und ein massiv schlechtes Gewissen erwecken. Kaum eine Trennung geschieht ohne innere Nöte und inneres Ringen. Kaum ein Vater oder eine Mutter stellt sich nicht die Frage, was dieser Schritt wohl für die Kinder bedeutet. Mir hat in diesen inneren Gewittern der Gedanke geholfen, dass ein Familiensystem, in dem es einem Familienmitglied dauerhaft nicht gut ergeht, insgesamt kein gutes und gesundes sein kann. Und dass, gerade wenn es die Eltern betrifft, dies langfristig auch für die Kinder nicht gut und gesund sein wird.

Familiäre Treue in solchen Situationen bedeutet: Ich entscheide mich dafür, mit dem oder der einstmaligen Liebespartner:in eine konstruktive Beziehung – als Elternteil – zu erhalten. Das ist in der Regel eine große Aufgabe, zu der es, in vielen kleinen Schritten, Mut und auch Überwindung bedarf. Weil es eine neue Art von Bezogensein bedeutet und stark überlagert wird von der partnerschaftlichen Beziehung, die ja geendet ist. Zum eigenen Schutz bräuchte ich nach einer Trennung eigentlich Raum für mich selbst, um Wunden heilen zu lassen und wieder nach der Glut meines Lebens suchen zu können. Es ist beinahe gegen die Natur, nun in den Modus der Kooperation zu schalten, wo anderes zu Ende gegangen ist. In einer solchen Lebenslage benötige ich dringend Hilfe und Zuspruch. Weil ich mich darin eben als das zu bewähren habe, was ich als Menschenwesen bin: ambivalent und mehrspurig, begrenzt und zerrissen, aber doch auch zu Offenheit fähig.

Es ist die Treue und das »Bundesversprechen«, welches ich mit meiner Elternschaft eingegangen bin und das mich in diese Lage geführt hat. Und vielleicht ist dieses »familiäre Bundesversprechen« der Grund, der es mir ermöglicht, einer Verantwortung gerecht zu werden, auch wenn mir als partnerschaftlich verwundeter Mensch damit sehr viel abverlangt wird. Ist es nicht das, was man »sakramental« nennen könnte? Das Sakrament elterlicher Liebe, das sich gerade an den Bruchstellen des Lebens besonders deutlich zeigt.

5.
Liebe machen. Im warmen Regen gemeinsam wachsen

»*Faire de l'amour*«, was für ein Wort! Mich hat es immer faszi-niert, wie man in Frankreich über Sex redet. Meine katholischen Wurzeln haben aber zugleich dafür gesorgt, das irgendwie an-rüchig zu finden. Darüber spricht man doch nicht! Und eine Sprache dafür braucht es dann auch nicht …

Heute sehe ich das anders. Was für eine wunderbare Formu-lierung! Liebe, so klingt darin an, ist eine Form von Praxis, von tätigem Leben. Und unsere Körper sind doch die Weise, wie wir in der Welt sind, und damit die erste, naheliegende Art, wie wir uns ausdrücken können. So wie Melodien eben mit der Stimme gesungen werden, ein Schwimmbecken schwimmend durchzo-gen wird, und nicht nur in der Vorstellung, so ist der Körper ein Instrument der Liebe. Nicht das einzige, aber ein sehr wichtiges.

Sex ist also als eine Weise, Liebe konkret werden zu lassen. Das ist schon mal eine starke Aussage. Weil darin so selbstverständlich zusammenbleibt, was oft auseinanderdividiert wurde: Sex und Liebe, das eine scheinbar minderwertiger als das andere. Um es gleich zu sagen: Ich bin nicht der Erste, der diese Problematik benennt. Viele meiner theologischen Kolleginnen und Kollegen arbeiten sich, teilweise seit Jahrzehnten, daran ab. Die Hypothek ist ja auch groß – die Last einer körperfeindlichen Denkweise, die schon sehr früh das von seinen biblischen Ursprüngen her eigentlich gar nicht so ausgerichtete Christentum infiltriert hat.

Ich bin allerdings der Meinung, dass es nicht beim Abarbeiten bleiben darf. Eine Fehlentwicklung zu kritisieren, ist das eine. Auszuloten, wie man konstruktiv über Sex und körperliche Liebe reden könnte, ist das andere. Und das, so bin ich überzeugt, ist bisher viel zu kurz gekommen. Natürlich ist es auch vor allem Sache der Paar- und Psychotherapie, sich hierzu zu äußern, ich will mich gar nicht vordrängen. Mir geht es in diesem Kapitel darum, das Thema herauszuholen aus der Sprachlosigkeit und Erstarrung, mit denen ihm das Christentum begegnet. Sichtbar wird dann auch, wo Sexualität verzweckt und funktionalisiert worden ist. Mein Eindruck ist: Das Thema Sex droht zu ersticken – unter den historischen Erblasten, unter alten und neuen Verklemmungen und nicht zuletzt darunter, dass wir oft genau das am liebsten meiden, was uns im Innersten am meisten berührt. Es gilt also, Luft und Licht hineinzulassen in den so unzugänglichen Raum, in dem sich Sex und Christentum miteinander winden.

Allgemeinfall ›Mann‹. Die Entsexualisierungsfalle

Die katholische Kirche ist keine Männerkirche. Man könnte das zwar glauben, wenn man von außen auf sie schaut. Es sind ja ausschließlich Männer, die Priester werden können. Und ausschließlich die Männer-Priester sind befugt, die wichtigsten Lei-

tungs- und Entscheidungspositionen innerhalb der monarchi-
schen Verfassungsordnung dieser Kirche einzunehmen. Weil
ihr Weiheamt dafür das entscheidende Kriterium ist. Das alles
heißt aber keineswegs, dass Frauen im Katholizismus nicht vorkommen. Im Gegenteil, sie spielen wahrscheinlich sogar die entscheidende Rolle, wenn es um das Leben der Gemeinden vor
Ort geht. Frauen planen die Erstkommunionvorbereitung und
die Kindergottesdienste, oft übernehmen sie den Küster- und
Mesner:innendienst, sie sind Pfarrgemeinderatsvorsitzende, put-
zen den Kirchenraum, richten den Blumenschmuck und sorgen
sich um Pfarrers Garten. Ohne Frauen gäbe es das Gemeindele-
ben, wie man es heute noch kennt, wohl gar nicht mehr.

Was für eine verdrehte Dialektik! Männer geben den Takt
vor – und Frauen sorgen für die Musik. Alle Bemühungen,
»Frauen in Führungspositionen« zu bekommen, alles Geraune
um »Synodalität« ändern nichts an dieser Positionszuweisung,
die Papst Franziskus mit der Legende vom »marianischen und
petrinischen Prinzip« innerhalb der Kirche auch noch zemen-
tiert hat. Was mir an dieser Stelle wichtig ist: Es gibt offenbar definierte Orte für Männer und für Frauen im kirchlich-religiösen
Leben. Die einen haben hier zu sein, die anderen dort … die einen sollten dies tun, die anderen das … Und über allem schwebt:
Maria, die Gottesmutter!

Maria war eigentlich immer ein Faktor in meinem eigenen
Glaubensinventar, zwar eher passiv und im Hintergrund, aber sie
gehörte doch dazu. Da waren die Maiandachten, bei denen wir
ministriert haben, die Marienlieder und die vielen Hochfeste, die
in meiner bayerischen Heimat häufig auch staatliche Feiertage
sind. Für den kritischen Theologen, als den ich mich später ver-
stand, spielte Maria dann aber erst mal keine große Rolle. Erst

im westfälischen Münster, dem Ort meiner Studien, wo man gegenüber dem barocken bayerischen Katholizismus doch eine Spur nüchterner unterwegs war, habe ich die weibliche Spur einer katholisch geprägten Spiritualität dann wieder irgendwo in mir vernommen.

Lassen wir aber das Biografische beiseite. Unter dem Schirm des ausgebreiteten Marienmantels scheint der katholische Kosmos eine Welt zu sein, in der wichtige Klärungen zur Rolle der Geschlechter nicht ausverhandelt werden, wie man das vom dynamischen Flow des Gesellschaftslebens gewohnt ist. Es ist vorentschieden, welche Plätze und Positionen Männer und Frauen innehaben dürfen, und es gebührt sich nicht, das alles in Frage zu stellen, so die stille Hintergrundmelodie des katholischen Kirchenbildes. Die Frau, ja, aber »an ihrem Platz«, mit einer »Würde, die ihr keiner nehmen kann« ... Häufig sind es geweihte Männer in hohen Ämtern, die so reden. Aber ist es wirklich so einfach mit den Rollen der Geschlechter und der sexuell so eindeutig verteilten Identität im Christentum? Mir drängen sich irritierende und ganz gegenläufige Eindrücke und Erfahrungen auf.

Dafür brauche ich nur die holzgeschnitzte Marienstatue anzuschauen, die mir indonesische Freunde vor vielen Jahren einmal geschenkt haben. Sie ist gekleidet in der Tradition der Insel Bali, mit eleganten Tüchern und einem bezaubernden Kopfschmuck aus Blüten. Sie zeigt Körper und nimmt eine grazile, eine souverän-eigenständige Haltung ein – ganz anders als das in der abendländischen Ikonografie etablierte Marienbild, das oft eher die beschützend-mütterlichen Züge betont. Meine Bali-Madonna hat zwar den Jesus auf dem Arm, aber sie könnte auch ohne ihn dastehen. Mutter-Sein ist bei ihr ein Kann, kein Muss.

Mich fasziniert die Statue, weil hier etwas passiert, was dem christlichen Geschlechterkosmos so fremd ist und zugleich so sehr nottut: Die Glaubensfigur Maria wird »vergeschlechtlicht«. Sie ist und darf Frau sein: individuell und besonders, konkret und mit weiblichem Körper, in Haltung und Ausdruck nicht festgelegt auf ein einzelnes Geschlechterstereotyp. Irritierend nenne ich das, weil diese andere Maria uns den Spiegel vorhält und die Frage aufwirft: Wie viel Geschlecht erlaubt unser Glaube eigentlich? Welche Art von sexueller Identität und Individualität darf darin überhaupt vorkommen?

Irritierend ist für viele, die den katholischen Glauben praktizieren, auch eine andere Erfahrung. Sie ist recht alltäglich, und sie betrifft Frauen und Männer auf unterschiedliche Weise: Man möchte Gottesdienst feiern, betritt das Kirchenschiff oder den Gemeinderaum und schließt sich dort der feiernden Gemeinschaft an. Man kommt aus einem Leben, das geprägt ist vom Ringen um Gleichheit der Geschlechter. Natürlich, es gibt den *Gender pay gap*, die gläsernen Decken, an die Frauen stoßen, und viele andere Ungleichheiten auf der Mikroebene des Alltagslebens, das soll nicht in Abrede gestellt werden. Aber es ist doch vollkommen klar, dass um die Anerkennung von Frauen und Männern als Gleiche gerungen wird und der Anspruch berechtigt ist, Ungleichheiten zu beseitigen. Und nun betritt man einen Raum und wird Teil einer Gemeinschaft, in der das eben nicht das Fall ist. Man schließt sich der Gemeinde an, nimmt Platz, blickt nach vorne, in den Altarraum, und da sind: ausschließlich Männer! Vielleicht darf eine Frau später noch die Lesung oder die Fürbitten vortragen, und, ach ja, da sind noch die Messdienerinnen, die es manchmal noch gibt ... Offenbar ausgestattet mit einer weiblichen Spezialwürde – die sich freilich nicht auf die Möglichkeit zur Christusrepräsentation am Altar beziehen kann!

Wie will man das verstehen, diese Differenz zwischen rhetorischer Wertschätzung (»Die Kirche lebt von den Frauen«) und realer Platzanweisung? In Bezug auf die Sexualität werden Botschaften in mehrere Richtungen gesendet. Es sind Botschaften, die sich widersprechen. Sie lauten: 1. Egal welches Geschlecht, alle gehören dazu und sind gleich viel wert. 2. Frauen haben ein besonderes Talent der Fürsorge und des Beschützens, das zeigt sich schon an Maria, und deshalb sind sie so wichtig im Glaubensleben. 3. Es macht aber doch einen Unterschied, ob man Mann oder Frau ist, und der ist so tief im biologischen Geschlecht angelegt, dass die Kirche danach strukturiert werden muss. Etwas salopp formuliert könnte man sagen: Krass, wie mehrschichtig hier auf das Geschlecht hin gedacht wird, und besonders wie kränkend auch für die Frauen! Stellt sich da nicht die Frage, ob die geschlechtlichen Identitäten von Frau und Mann überhaupt als solche ernst genommen werden? Es ist ein abstrakter »Gespenster-Begriff« von Frausein und von Mannsein, der da vorliegt. Denn auch Frauen haben das Charisma zur Verkündigung und auch Männer können fürsorglich-lebensspendend sein!

Wer kirchlich unterwegs ist, erlebt, dass es in dieser Richtung weitergeht. Da gibt es ein Panoptikum an Figuren und Mustern, die bewusst in ihrer sexuellen Prägung wahrgenommen werden, und nur einen Augenschlag weiter spielt diese geschlechtliche Dimension keine Rolle mehr. Ich kenne zum Beispiel die *eindrucksvolle und schöne Frau in Kirchengremien*. Ihr wird gerne Platz eingeräumt, ihre Gegenwart wird geschätzt, und sie soll bitte auch etwas sagen. Vielleicht ist sie auch die *kluge Theologin*, die allerdings nicht den Fehler machen darf, sich einer allzu »widerspenstigen« Wortwahl zu bedienen. Zur Last wird diese Frau auch, wenn sie zu viel sagt. Dann wird sie penetrant. Ihre Rolle ist die der Beraterin, der man im Rahmen des für sie vorgesehenen Rollenskriptes gerne zuvorkommend begegnet.

Ich kenne den katholischen Gremienmann, Laie oder Priester, aber geübt im stabilen männlichen Rollenkostüm, das ihm seinen Platz vorerst sichert. Er kennt sich aus mit *rhetorischem man spreading*, das bedeutet: nicht in der Haltung eines gemeinsamen Suchens unterwegs zu sein, sondern direkt im Strukturieren und Sortieren, sich der herrschaftlichen Matrix der Männer-Kirche im Hinterkopf oft gar nicht bewusst … Schließlich gibt es auch: den *entsexualisierten Priester*, der nicht Mann sein darf, sondern irgendwie von eigener Art ist. Einer, dessen Rolle es ihm nahelegt, über den geschlechtlichen Unterschieden zu schweben, darum bemüht, alle zu integrieren, Pastor und Hirte für die Herde zu sein. Wo bleibt er selbst als Mann, der er doch auch ist? Und wie darf sein Mann-Sein Eingang finden in seine religiöse Rolle? Mir scheint, das ist eine riesige Baustelle, die bisher noch kaum gesehen wird.

Warum schildere ich das alles? Weil darin eine problematische Spur des Christentums zum Ausdruck kommt, nämlich eine Doppelbewegung auf die Sexualität von Menschen hin: Auf der einen Seite begegnet man einer Entsexualisierung, vielleicht besser: einer Verbergung der sexuellen Dimension der Akteure, über deren konkrete sexuelle Prägungen und Bedürfnisse man nichts wissen will und stattdessen lieber vom abstrakten »Mensch-Sein« aller ausgeht. Und auf der anderen Seite wird der Geschlechterunterschied von Mann und Frau mit grimmiger Entschlossenheit verteidigt und daraus eine Herrschaftspraxis gemacht. Diese wird aber umgehend geleugnet und theologisch verbrämt – alle Wesen hätten ja ihre ganz besondere Würde, es komme doch nicht auf die Weihe an, die bräuchten die Frauen doch nicht … Der sexualpolitische Schlussakkord klingt dann so: Der Mann ist der Allgemeinfall der Spezies ›Mensch‹, deshalb sind die Frauen auch immer mitgemeint, und Diskriminierung gibt es deshalb auch nicht.

Wir sind immer Körper.
In jedem Raum ist Sexualität.

Zugegeben: Dieser Ritt durch die katholische Geschlechterwelt war holprig und kurz. Mir kommt es hier auch nicht darauf an, weitergehende Analysen zu Geschlechtergerechtigkeit oder zur christlichen Gender-Skepsis zu erläutern. Darüber haben sich andere bereits ausführlich geäußert. Mein Anliegen ist es, darauf hinzuweisen, dass sich tief in der christlichen und besonders in der katholisch geprägten Lebenswelt eine merkwürdige Blindheit breitgemacht hat. Dies betrifft das real existierende Sexualwesen namens Mensch.

Menschen sind weder nur Leib oder nur Geist, sie sind immer beides zusammen. Es liegt eine große Versuchung darin, diese beiden Dimensionen des Menschseins voneinander zu isolieren oder das eine dem anderen unterzuordnen. In der Geschichte ist das oft geschehen, und zwar bereits in der Antike. Das Christentum hat dabei eine besondere Rolle eingenommen und gerne aufgegriffen, was seit der Philosophie der Stoa gelehrt wurde: Dass Geist und Bewusstsein den Leib »regieren« sollten, denn dessen Triebe dürften nicht ungeordnet bleiben. Die Aufgabe des Menschen bestünde eben darin, alle Bedürfnisse des Körpers höheren Prinzipien unterzuordnen, welche die menschliche Vernunft aufstellen solle. Der Körper hat in einer solchen Sicht weder sein eigenes Recht noch eine eigene Sprache oder einen Ausdruck. Und es fällt nicht schwer sich vorzustellen, wie sexuelles Begehren in einem solchen Menschenbild betrachtet wird: als ungeordnete Regung, als Impulse eines körperlichen Rohmaterials, das unbedingt einzuhegen ist, letztlich als riskante Bedrohung, weil darin Kräfte und Energien spürbar werden, die ein Eigenleben führen könnten.

Aber hat je irgendjemand den »reinen Geist« oder den »reinen Leib« gesehen? Liegt nicht beides immer nur in Verbundenheit vor, eben in der Gestalt menschlicher Personen, die sowohl Leib als auch Geist sind? Margaret Farley, die amerikanische Nonne, die mit ihrem Buch *Just Sex* vor knapp zwanzig Jahren einen Meilenstein für die Befreiung der christlichen Sexualethik gesetzt hat, spricht genau aus diesem Grund von »verkörpertem Geist« oder, umgekehrt, von »vergeistigtem Körper«, der wir immer sind.[13] Denken lässt sich überhaupt nur, weil wir eine materielle Basis dafür haben, nämlich unser Gehirn als das Körperorgan des Geistes. Und umgekehrt gibt es keine Empfindung des Körpers, die nicht danach verlangen würde, benannt, verstanden, gedeutet und interpretiert zu werden – und eben das tut der Geist.

Kurz und knapp ist damit etwas ganz Wesentliches gesagt: Unsere Körper sind es, über die wir den gemeinsamen Raum mit anderen zu teilen haben, die anderen Raum nehmen und anderen Raum geben können. Als Körper beziehen wir uns in der gemeinsam bewohnten Welt auf andere, die sich ebenfalls als Körper in dieser Welt befinden. Als Körper ziehen wir uns an und stoßen uns gelegentlich auch ab. Und als Geist-Körper können wir die Bedeutung unserer Anziehung und Abstoßung auch ermessen und mit den Regungen des Leibes im wahrsten Sinne des Wortes sinn-voll umgehen.

Mit diesen Überlegungen möchte ich umschreiben, was abgekürzt mit dem Begriff »Begehren« bezeichnet wird. Menschen sind Wesen, denen eine Dynamik der Anziehung innewohnt. Sie können einander begehren. Sich hingezogen fühlen, Nähe suchen und genießen, miteinander verschmelzen und eins werden wollen – mit diesen Sehnsüchten beschreiben viele Menschen die Kraft der sexuellen Anziehung. Diese Kraft ist unterschiedlich stark ausgeprägt und sie variiert in der Richtung, in die sie uns ausrichtet. Auf wen sie sich bezieht, zu welchen Gelegenheiten wir sie spüren, das hängt von vielen unterschiedlichen Prägungsfaktoren ab. Es kann auch sein, dass wir es vorziehen, dieser Kraft keine aktive Rolle in unserem Handeln und Empfinden auf andere hin zu geben.

Ob jemand hetero- oder homosexuell empfindet, ist für diesen Punkt nicht das Entscheidende. Auch nicht, ob jemand einen transsexuellen oder transidenten Weg beschreitet oder beschritten hat. Entscheidend ist, dass wir den Menschen als ein Wesen verstehen, das sich leibhaftig, mit seinem konkreten Körper, der er oder sie ist, auf andere beziehen kann. Und dass wir Menschen darin zu je besonderen Wesen werden – eben zu Individuen aus Fleisch und Blut.

Von daher versteht sich der Titel, den ich für diese Überlegungen gewählt habe: Es gibt keinen Raum eines menschlichen Zusammenseins, in dem Sexualität nicht vorkommt. Dort, wo Menschen sind, sind sie immer auch mit ihrem körperlichen Leib. Und als solche Leib-Wesen haben sie eine höchst individuelle, persönliche, je besondere Prägung als begehrende Lebendigkeit. Sexualität ist nicht irgendein Attribut, das man ausblenden kann, wenn man über Menschen spricht. Sexualität ist immer da, überall, wo Menschen sind. Eigentlich hat das Christentum in seiner Geschichte auch oft bewiesen, wie sehr es die leibliche Dimension des Glaubensausdrucks zu schätzen weiß: Der Körper kommt in der Glaubenspraxis zum Einsatz – kniend, stehend, sitzend, bei Prozessionen und Wallfahrten, in seiner sinnlichen Kompetenz: wenn Weihrauch zu riechen ist, wenn Kerzen leuchten, wenn Gesänge gesungen werden ... Gerade dass sich Christ:in-Sein so »analog« und konkret anfühlt, macht die christliche Religion für viele Menschen ja überhaupt erst attraktiv, ob nun in Form des Taizé-Gebets, beim Rosenkranz- oder, in der charismatischen Spielart, als Lobpreis-Gebet. Und wenn Fernstehende oder sogar Nicht-Gläubige zum katholischen Weltjugendtag reisen, dann wohl weniger, um den Papst zu sehen, sondern weil das Event etwas von dieser konkret-leibhaften Präsenz des Glaubens spürbar macht, die nur schwer auf andere Weise erfahren werden kann.

Die leibliche Dimension beinhaltet aber immer auch Sexualität. Auch der zölibatäre Priester ist ein sexuelles Wesen und sein Zölibat soll ja auch ein wirklicher Verzicht sein, so hatte ich das immer verstanden ... Das ganze Ausmaß der katholischen Sex-Verklemmung zeigt sich, wenn die Zeitungen *Bild* und *Spiegel* enthüllen, dass »höchste Kleriker« des Erzbistums Köln von ihren Dienstrechnern auf Porno-Seiten zugegriffen haben ... Häme ist hier fehl am Platz, es ist eine Aussage über den Fehler im System. Der Katholizismus zeigt eine tiefe, schon wirklich bizarre Spaltung: Einerseits ist er eine Religion mit leibhaft erlebbarer Glaubenspraxis. Dafür gibt es ein breit gefächertes Repertoire religiösen Ausdrucks. Andererseits wird in Lehre und amtlichem Auftritt alles getan, um leibhafte Präsenz und sexuelle Sichtbarkeit zu meiden – als wäre es etwas, das man einfach so ausblenden könnte!

Komm zu mir!
Sex als Sprache meines Lebensrisikos

Das Christentum hat alle Mühe, sich an seinem schweren Erbe mit der Sexualität abzuarbeiten. Da Körperlichkeit an sich verdrängt und manchmal geradezu verteufelt wurde, besteht die Aufgabe erst einmal darin, anzuerkennen, *dass* es Sexualität gibt und sie nicht einfach ausgeblendet werden kann. Wozu es aber bisher noch nicht wirklich kommt, ist die Frage nach dem *Wie*. Also: Wie sollte die sexuelle Dimension des Menschen verstanden und beschrieben werden? Wie trägt sie zu einem gelingenden Leben bei? Wie können wir sie erfüllt leben?

Das sind bedeutsame Fragen, auf welche die Konsum- und Massenkultur wenig tiefschürfende Antworten bereithalten. Wie könnte man das auch erwarten?! Eine Gesellschaft, in der alles den Gesetzen des Marktes unterworfen ist, macht auch den Sex zur Ware. Der Imperativ, dem sich viele Menschen unterordnen, lautet dann: Wie muss ich mich darstellen, um begehrt zu werden? Weil Kapitalismus und Markt selbst wiederum machtförmigen Interessen ausgesetzt sind, kommt es zu einer Hierarchie sexueller Attraktivität, die einen Großteil der Menschen ausschließt. Als sexy gilt vor allem der schlanke, weiße, gesunde Körper. Es gibt fast schon eine Entsprechung der religiösen Stigmatisierung des Sexes mit unserer emanzipativ-aufgeklärten Haltung von heute: Sex wird in beiden Universen isoliert betrachtet – einmal als Körperpraxis mit dem vorrangigen Ziel der Fortpflanzung, das andere Mal als Projektionsfläche einer Selbstoptimierung, die auf maximale Erlebnisdichte hin orientiert ist. Das sind sehr unterschiedliche Deutungen von Sex, aber beide Male handelt es sich um Funktionalisierungen. Sex wird zu einer seltsam eigenständigen Angelegenheit, einer Art Fertigkeit, die man praktizieren kann oder sollte. Er wird herausgelöst aus dem tiefen Raum menschlicher Existenz, in der alle Dimensionen des Menschseins miteinander in Verbindung stehen.

Sex ist kein Gegenstand. Und Sex ist auch nichts, was man einfach gibt oder nimmt. Sex ist vor allem eines – eine Interaktion, »auf eine entschiedene Art sozial und zwischenmenschlich«, wie die britische Feministin Katherine Angel in einem beeindruckenden Essay zum Verständnis des sexuellen Begehrens schreibt.[14] Als Interaktion, so Angel, ist Sex anderen sozialen Phänomenen ähnlich und trägt den Charakter eines Prozesses, einer Entwicklung, einer Entfaltung. Den Sex zu verstehen bedeutet: sehen, dass es etwas ist, das zwischen zwei Menschen geschieht und sich ereignet.

Ich halte das für eine wichtige Spur und möchte es mit dem Modell der menschlichen Kommunikation weiterführen: Was spricht dagegen, Sex als ein Geschehen von Sprache und Ausdruck zu begreifen? Wenn wir, um es einmal so gestelzt auszudrücken, sexuell interagieren, dann nutzen wir eine Sprache, deren Vokabular unser Körper bereitstellt: mit seiner Spannung aus Verschmelzung und Distanz, mit seinen Bewegungen und Gesten, seinen Äußerungen und seiner Energie. Es ist ein vielfältiges Vokabular, das wir auf höchst unterschiedliche Art und Weise »sprechen« können. Mal leise und stammelnd, mal laut und ungestüm, bittend oder fordernd. Die Sprache sexueller Interaktion kennt so viele Dialekte oder Akzente, wie es Menschen gibt, weil jede Frau und jeder Mann seine oder ihre eigenen Ausdrucksweisen sexuellen Begehrens entwickeln kann.

Der Stil unseres Sexes hängt von uns selbst, von unserer Prägung und unserer Befindlichkeit ab, aber ebenso vom Plot der sexuellen »Erzählung«, die sich im Miteinander zwischen uns und unserem Gegenüber entfaltet. Sex kann wie ein Schrei nach Leben sein, Brandrede und Appell, aber genauso gut Ballade oder Wiegenlied. Spannender Thriller, Fiktion oder Gedicht. Sex kann auch ein Roman sein, den das Paar Kapitel um Kapitel miteinander fortschreibt ... Und, ja, es gibt auch das Schweigen in der Sprache der Sexualität, die Pause oder die Leerzeile. Auch sie sind nötig, weil, wie im Reden und Erzählen, ein Wort besser verstanden wird vor der Stille, aus der es gesprochen wird.

Verstehe ich Sex als Sprache und Ausdruck, kann die Analogie zur gesprochenen Sprache helfen, einen weiteren Aspekt zu verdeutlichen: Sprachlicher Ausdruck bleibt nicht bei sich, sondern dient der Kommunikation. Das bedeutet, der oder die andere ist im Blick, als Adresse und Zielpunkt meiner Äußerungen. Nun gelingt Kommunikation aber nicht einfach von selbst. Ich muss lernen, mich angemessen auszudrücken, die Signale des Gegenübers zu verstehen und in mein eigenes Agieren einzubeziehen. Wie in der gesprochenen Sprache bin ich auch als sexuell »sprechender« Mensch darauf angewiesen, diese Sprache zu erlernen, darin Kompetenzen zu erwerben, mit ihr gut und sinnvoll umzugehen. Dazu gehört das Zuhören und Verstehen der Sprache meines Gegenübers. Und wie beim mündlichen Austausch kann es auch in der sexuellen Konversation vorkommen, dass ich mich korrigieren muss oder möchte, neu einsetze, einen Schritt zurückgehe und es nochmals versuche ...

Nach meinem ersten Studienabschluss verbrachte ich einige Jahre in Frankreich. Meine Französisch-Kenntnisse waren anfangs noch nicht sehr ausgebaut, und es war jeden Tag eine Herausforderung, wieder ein Stück weiterzukommen im Reden und Verstehen. Da gab es die Tage, an denen ich abends frustriert nach Hause kam und den Eindruck hatte, eher Rückschritte als Fortschritte gemacht zu haben. Der Schädel brummte und ich kam mir wie eingesperrt vor in meiner Muttersprache, so schwer empfand ich es, die Hürden der Sprachbarriere zu überwinden. Aber es geschah auch Verblüffendes. Es gab auch Situationen, Momente, in denen meine Zunge plötzlich gelöst schien, mir die Vokabeln zuzufliegen schienen und einfach gelang, was sonst so mühsam war. Beim Nachdenken darüber fiel mir auf: Das waren jeweils Kontexte, in denen es ein echtes Miteinandersein gab. Es gab andere, die wirklich hören und verstehen wollten, was ich sagte. Dieses Bezogensein »machte mich sprechen«, auf eine Weise, dass Kommunikation funktionierte.

Glückliche Momente waren das. Und gibt es das nicht auch beim Sex – dass er umso erfüllender wird, je mehr ich mein Gegenüber wirklich suche und finden möchte? Sex als Konversation zu erschließen, kann den Blick öffnen. Dafür, dass es sich dabei nicht um eine Technik oder Fertigkeit handelt. Dafür, dass dabei etwas auf dem Spiel steht. Dass es beim Sex um Risiko, Verletzlichkeit und Verwundbarkeit geht, oder, wie Katherine Angel es formuliert, um den »zweideutigen Raum zwischen Wissen und Nichtwissen«.[15] Dass Kommunikation glückt, kann niemand garantieren. Aber wir können selbst daran mitwirken und etwas dafür tun. Dabei müssen wir etwas von uns, uns selbst geben, ebenso wie das von dem oder der anderen erforderlich ist. In der sexuellen Begegnung setzen wir uns dem oder der anderen aus. Wir tun das ohne die Gewähr, dafür etwas zu bekommen, aber in der Hoffnung darauf, jemandem wirklich zu begegnen, diesen anderen Menschen zu erfahren, im umfassenden Sinn zu berühren, von ihr oder von ihm überrascht zu werden.

Die Erotik liegt gerade darin, dass dieses »Sich-Aussetzen« ein Risiko birgt. Wir können uns verfehlen, die Konversation kann ins Leere gehen. Sex ist Versprechen und Verheißung – und »besteht aus unzähligen Akten des Fragens, der Zeichen, des Erkundens.«[16] Den anderen erotisch zu begehren bedeutet, sich nach ihm zu sehnen und zu strecken, ihn zu fassen, ohne ihn festzuhalten. Aber genau darin liegt das »Betriebsgeheimnis« der Sexualität. Sobald ich das begehrte Gegenüber besitze, und sei es dadurch, dass ich es mir gefügig, gehorsam, vollkommen durchsichtig mache, wird Sex zu einer Technik, die vor allem der Beherrschung des anderen und der Sicherung meiner selbst dient. Risiken einzugehen und sich verletzlich zu machen heißt, dem Unbekannten gegenüber offen zu bleiben. Und das gilt auch für langjährige Beziehungen, in denen wir uns fragen müssen, wie sehr unser Gegenüber Raum für seine oder ihre ganz eigene Entwicklung behalten darf, aller Vertrautheit und Routine zum Trotz. Verletzlichkeit bedeutet, eingefahrene Skripte der sexuellen Begegnung zu variieren und zu verlassen, bei mir zu sein und mich für mein Gegenüber auszudrücken, vermeintliche Kriterien für gelungenen Sex zu ignorieren. Wenn das gelingt, wird etwas Großes möglich: Ich kann mich den Gefühlen des anderen ausliefern und werde durchlässig für mein Gegenüber.

Wenn Sex eine Sprache ist, dann beansprucht mich die Konversation, die ich da führe, aufs Ganze. Wenn ich dazu bereit bin, jemandem sexuell zu begegnen, lade ich sie oder ihn in mein

Innerstes ein: »Komm zu mir!« In dieser Begegnung kann ich mir selbst nicht mehr ausweichen, und ich bin mit anderer Lebendigkeit konfrontiert. Das fordert und es kann überfordern. »Einander im Begehren zu begegnen, sich im Begehren zu überraschen, bedeutet, sich in gegenseitigem Vertrauen zu üben und Ängste zu verhandeln.«[17] Es kann etwas Wunderbares eintreten, was für den Menschen als zugleich begrenztes und offenes Wesen steht: eine gelingende Balance von Körper und Geist, in der Vertrautheit und Fremdheit, Ruhe und Überraschung miteinander reagieren. Ich bin ganz bei mir und ich übersteige mich unaufhörlich selbst. Ich setze mich damit aufs Spiel. Es ist das, was man das »Lebensrisiko« des Menschen nennen mag.

Loslassen verboten.
Konsens, Einwilligung und ein blinder Fleck

Wäre das nicht wunderbar – wir hätten wirklich eine Sprache zur Verfügung und wüssten sie zu sprechen, in der wir uns als Menschen derart ganzheitlich-umfassend begegnen könnten, wie es in diesem Gedanken vom »Lebensrisiko« ausgedrückt ist? Ich gebe zu, mich fasziniert das sehr. Ich erkenne darin den ethischen Kerngehalt und den existenziellen Sinn von Sexualität überhaupt: Dass Menschen sich im Sex einander »fühlbar« machen und darin vor ihre eigene Frage gestellt sind: Wer bin ich? Wer will, wer kann ich sein – für jemand anderen? Diese Fragen kann man sich natürlich auch abseits sexueller Praxis stellen. Der Sex ist aber eine besondere Situation, weil hier eine andere Person involviert ist und damit diese Fragen einen Ernst bekommen, über den ich selbst nicht mehr verfügen kann.

Eine solche Sinnbestimmung von sexueller Begegnung hat aber auch eine zweite Seite. Der Gedanke vom »Lebensrisiko« war bisher vor allem auf der Ebene der unmittelbaren zwischenmenschlichen Begegnung angesiedelt. Aber zu solcher Interaktion gehört immer auch eine strukturelle Dimension, die eine Hypothek bilden kann für mein individuelles Handeln und Empfinden. Diese gilt es anzuschauen. Für die Sexualität ist sie besonders wichtig, denn hier herrscht oft die Meinung vor: Es geht doch nur um dich und mich, um die Gefühle, die da sind oder eben nicht, und was spricht denn dagegen, sich aufeinander einzulassen, wenn beide zustimmen … »*Free consent among adults*« – so wird es im angelsächsischen Recht formuliert. Genügt das nicht, um moralisch legitimen Sex zu rechtfertigen?

Die christliche, insbesondere die katholische Tradition hat aus ihren eigenen Gründen hier eine ablehnende Position bezogen. Nein, der reine Konsens unter den Beteiligten genüge nicht, vielmehr müsse darauf geachtet werden, die »naturgegebene Ordnung« zu respektieren. Es gebe Situationen, in die dürfe man gar nicht einwilligen: Solo-Sex, Homosexualität, verhütender Sex, diese Äußerungsformen von Sexualität sind dann allesamt ausgeschlossen. Und verheiratet sein muss man sowieso, bevor »es passiert«. Ich möchte hier aber noch auf etwas anderes eingehen, etwas, wofür diese Tradition bislang keine besondere Wahrnehmung entwickelt hat. Nämlich die Frage, auf welchen kulturellen Voraussetzungen Anziehung und Begehren ruhen.

Mit anderen Worten: Wie kommt es zum Sex und was sind die Voraussetzungen dafür, dass er überhaupt gut werden kann? In den vergangenen Jahren gab es mehrere interessante Äußerungen zu diesem wichtigen Thema – bezeichnenderweise vor allem von Frauen, obwohl das Thema Männer gleichermaßen betrifft.

Ich möchte nun zwei damit verbundene Aspekte beleuchten. Das ist zum einen die Frage nach der Einwilligung zum Sex, und zum anderen die Forderung, Frauen sollten mehr Selbstvertrauen entwickeln, müssten sich ihrer sexuellen Präferenzen besser gewiss werden, um diese dann ins Miteinander aktiv einzubringen und auch leben zu können.

Im Jahr 2022 machte ein Buch der 37-jährigen britischen Oxford-Philosophin Amia Srinivasan Furore. Es trägt den eingängigen Titel: *Das Recht auf Sex.* Die Autorin setzt sich darin mit der Frage auseinander, wie frei wir in unseren westlichen Gesellschaften beim Thema Sexualität wirklich sind.[18] Ihre wichtigste These lautet: Es gibt nicht einfach das »Begehren an sich«. In jede sexuelle Interaktion, aber auch schon in unsere Wünsche und Vorlieben fließt vielmehr anderes mit ein, dessen wir uns allerdings nicht bewusst sind. Begehren, so Srinivasan, sei nicht einfach ein angeborener Trieb, vorpolitisch und entlang der biologischen Geschlechterlinie unterschiedlich ausgeprägt nach den Mustern von männlicher Dominanz und weiblicher Unterwerfung, aktivem und passivem Pol.

Die liberalen Gesellschaften des Westens, sagt Srinivasan, hätten mit der sexuellen Aufklärung seit den 1960er-Jahren das Ausleben der Lust vorzugsweise am Kriterium festgemacht, ob beide Beteiligten zustimmen würden. Willigen zwei – volljährige – Personen ein, könne man dem ja nicht wirklich etwas entgegensetzen. Srinivasan arbeitet nun scharfsichtig heraus, wie dadurch die Gesetzmäßigkeiten eines freien kapitalistischen Marktes unbesehen zu den Normen des sexuellen Austausches geworden sind. Sexuelle Praxis wird zu einem Geben und Nehmen, nach den Kriterien des jeweils höheren »Marktwertes«, in den Hautfarbe, Herkunft, Geschlecht, Bildungsgrad und ande-

res einfließen, wie das auch sonst bei den Hierarchien und gesellschaftlichen Pyramiden im sozialen Leben der Fall ist.

Beim Modell des Konsenses falle aber etwas ganz Entscheidendes unter den Tisch: nämlich die Tatsache, dass auch unser Begehren bestimmten Dynamiken und Prägekräften unterliege. Diese seien weiterhin patriarchal geformt und würden
durch das Konsensmodell quasi »durchgewunken«. Genau hier,
so Srinivasan, müsse der kritische Blick ansetzen. Für diese Dynamiken und Prägekräfte gibt es eine ganze Reihe von Beispielen. Nicht nur ist es eine seltsame, aber ziemlich verbreitete Vorstellung, Männer hätten ein Recht auf eine Sexualpartnerin. In
den USA hat sich deshalb der Begriff der *Incels* etabliert. »Incel«
ist die Selbstbezeichnung einer in Amerika entstandenen Inter-
net-Subkultur von heterosexuellen Männern, die der Ideologie
einer hegemonialen Männlichkeit anhängen und nach eigenem
Bekunden unfreiwillig, ja geradezu »unrechtmäßig«, keinen Ge-
schlechtsverkehr bzw. keine romantische Beziehung haben (*in-
voluntary celibate*). Aus dieser Subkultur ist sogar eine Bewegung
entstanden, die der politischen Rechten zuzuordnen ist. Schon
die Vorstellung, es könne ein Recht auf Sex geben, vermisst man
umgekehrt bei Frauen weitgehend – warum aber ist das so?

Der Punkt, den Srinivasan machen möchte, ist folgender:
Sie plädiert dafür, Situationen und kulturelle Arrangements zu
erkennen, die es Menschen erlauben oder eben auch eher verbieten, ihr Begehren zu äußern, es zu entwickeln und zuzulassen. Oft ist dafür ausschlaggebend, welche Sicherheit und welches Vertrauen Menschen in ihren Lebenskontexten und in
bestimmten Handlungssituationen entwickeln können. »Warum
man nicht mit seinen Studierenden schlafen sollte« – so lautet
ein Kapitel in diesem Buch. Die Autorin argumentiert, dass bei

den so häufig vorkommenden Fällen sexueller Beziehungen zwischen Lehrenden und Studierenden nicht einfach eine Frage des Gefühls und der Zustimmung entscheidend sei. Denn auch ein einvernehmliches sexuelles Verhältnis könne Schaden anrichten. Ob es zu einem intimen Verhältnis komme, unterliege oftmals der Machtkonstellation eines Handlungsfeldes, und das bedeutet: den Statuspositionen der Beteiligten. Srinivasan fragt: Haben – hierarchisch höherstehende und oftmals für ihr Wissen bewunderte – Lehrende nicht die Verantwortung, das eventuell aufkommende Begehren ihrer Studierenden in die richtige Richtung zu lenken? »Lehrende müssen der Versuchung widerstehen, sich zum Hort des Begehrens ihrer Studierenden zu machen oder das auch nur zuzulassen. Ich will nicht behaupten, dass die Lehre von narzisstischer Befriedigung völlig frei sein kann oder sollte. Doch es ist ein Unterschied, ob man das Begehren, das man in den Studierenden entfacht, genießt und sie unterdessen von sich ablenkt oder ob man sich selbst zum Objekt des Begehrens macht.«[19] Das ist nur ein Beispiel, aber es zeigt besonders deutlich: Eine bestimmte Rollenverteilung, in der sich Hierarchien, Positionen von Einfluss und Abhängigkeit ausdrücken, ist ein Faktor bei der Frage, wie Begehren entsteht und wie sexueller Kontakt zustande kommt.

Wohin die Liebe fällt – die nicht-sexuellen Gründe unseres Begehrens sehen wollen

Ein anderes Beispiel unterstreicht diesen Gedanken. Tagelang beherrschte der Fall des Präsidenten des spanischen Fußballverbandes, Luis Rubiales, die Schlagzeilen. Dieser hatte nach dem WM-

Sieg von Spaniens Frauenfußball-Nationalteam im Jahr 2023 in Australien deren Spielerin Jennifer Hermoso bei der Siegerinnenehrung unvermittelt auf den Mund geküsst. Dies sei »spontan, gegenseitig und einvernehmlich gewesen«, teilte der Verbandsboss anschließend mit. In einer Erklärung äußerte sich auch Hermoso dazu: »Ich möchte klarstellen, dass ich dem Kuss zu keinem Zeitpunkt zugestimmt habe. Ich dulde nicht, dass meine Worte infrage gestellt werden, geschweige denn, dass Worte verwendet werden, die ich nicht gesagt habe.« Gegen die Deutungsmacht des Präsidenten, die er aus seiner hierarchischen Stellung und aus seinem Mann-Sein bezog, konnte die Spielerin immerhin eine für solche Übergriffe sensibel gewordene Öffentlichkeit aktivieren. In vielen Situationen des Alltags stehen Frauen solche Ressourcen nicht zur Verfügung.

Wichtig ist für Srinivasan auch der Blick in die Rechtsprechung. Sie zeigt, dass in Urteilen zu sexuellen Übergriffen, etwa unter homosexuellen Männern, Faktoren wie die Hautfarbe von Opfern und Täter:innen eine Rolle spielen. Es machten sich Klischees bemerkbar, etwa zur vermeintlichen »Hypersexualisierung« von Menschen mit farbiger Haut, oder auch zur vermeintlich höheren sexuellen Willfährigkeit von farbigen im Unterschied zu hellhäutigen Frauen. Tief verankerte, teils in einer kolonialistisch grundierten DNA des westlichen Empfindens verwurzelte Intuitionen kämen hier zum Vorschein. Genau das zeigt, was ich unter den nicht-sexuellen Faktoren verstehe, die für die Bewertung eines sexuellen Kontaktes von ganz erheblicher Tragweite sind. Solche sozialen und kulturellen Bilder, die viel mit unseren kulturellen Klischees und Vorurteilen zu tun haben, müssen wahrgenommen werden, denn sie fließen in unsere Bewertung des Sexes mit ein. Sei es, wie hier am Beispiel der Rechtsprechung hinsichtlich des Sexes anderer, oder in unserer eigenen Voreinstellungswelt, die unser Suchen, unsere Bereitschaft, uns ansprechen zu lassen, unser Sehen auf andere beeinflusst. All das bleibt unsichtbar, wenn nur nach dem Einverständnis gefragt wird. Sexualität ist immer auch etwas Politisches, ob wir es wollen oder nicht.

An dieser Stelle lohnt sich der Blick darauf, was Katherine Angel den »Selbstvertrauensfeminismus« nennt, der oft mit der Konsensrhetorik einhergeht. Die Position lautet in etwa so: Nicht in erster Linie die weiterhin existierenden patriarchalen Strukturen der Gesellschaft, marktförmige Verhaltensmuster oder der institutionelle Sexismus seien es, die Frauen zu einer passiven Haltung in Bezug auf das eigene Begehren festlegten, sondern »ihr eigener, individueller Mangel an Selbstvertrauen – ein Mangel, der als gänzlich persönliche Angelegenheit formuliert wird.«[20] Es gehe also darum, Frauen zu ermutigen, »zu sich zu stehen« und »zu wissen, was sie wollen«. Unter der Wolke aus Empowerment und Warnungen geht aber etwas verloren: der Blick dafür, dass es Gründe geben könnte, weshalb Frauen mit ihrem Begehren abwartend sind und vielleicht lieber aus der zweiten Reihe agieren als aus der ersten. Und auch diese Gründe können vielfältig sein.

Zunächst ist auf die Natur sexueller Begegnung hinzuweisen, von der im letzten Abschnitt die Rede war. Sich körperlich zu begegnen, stellt ein Risiko dar – ich riskiere meine eigenen Sicherheiten, indem ich mich dem oder der anderen hingebe. Solches Risiko bedeutet aber auch, hinsichtlich der eigenen sexuellen Präferenzen ambivalent und suchend bleiben zu dürfen. Vielleicht weiß man manchmal nicht schon von Anfang an, welche Sprache des Sexes man mit dem anderen Menschen sprechen möchte. In der Sexualität gilt wie beinahe überall im Miteinander mit anderen: »Was auch immer wir tun, beim Sex oder sonst wo, wir kalibrieren unser Verlangen im Verhältnis zum Verlangen eines oder einer anderen und versuchen zu verstehen, was es ist, das wir wollen. Aber wir finden es nicht einfach heraus und handeln dann danach. Herauszuarbeiten, was wir wollen, ist eine Lebensaufgabe ...«[21]

Damit ein solches Sich-Verletzlich-Machen aber stattfinden kann, braucht es Augenhöhe zwischen den Beteiligten. Und das ist der tiefere Grund für eine nur auf den ersten Blick scheinbar »gegebene« Unterschiedlichkeit des Begehrens zwischen Frauen und Männern. An dieser Augenhöhe mangelt es nämlich, weil in unserer Kultur – immer noch – starke soziale Muster vorherrschen, wie Menschen zu Sexualität kommen und es sich erlauben dürfen, ihr Begehren zu äußern. »Das Begehren heterosexueller Männer wird an jeder Ecke gefördert, vorausgesetzt, repräsentiert und umsorgt. Es wird gesamtkulturell hervorgelockt.«[22] Von Frauen hingegen wird gefordert, ihr Begehren zu zeigen, während ihnen aber gleichzeitig signalisiert wird, dass ihre Lust und ihre Sicherheit keine Priorität haben und oft auch nicht besonders wertgeschätzt werden. Dazu kommt: In einer Welt, in der männliche Partner sich in vielen Situationen »einfach holen«, was sie brauchen, kommt es Frauen beim Sex oft genug auch noch zu, den Partner bei Laune zu halten.

Erst die gesamtgesellschaftliche Wirklichkeit »schafft die Bedingungen, die Hingabe, Abenteuer, Loslassen, Verspieltheit möglich machen«.[23] Es gibt ganz offensichtlich nichtsexuelle Gründe, die wirksam sind, wenn Menschen ihrem Begehren Platz geben und es in den Bezug zu anderen stellen. Wir könnten auch sagen: Sexuelles Begehren hat eine »Vorgeschichte«. Jede solcher Vorgeschichten ist nochmals individuell, und doch partizipieren viele solcher Geschichten an ähnlichen Mustern, die gesellschaftlich und kulturell vererbt werden. Dies zu sehen ist ein Stück Ehrlichkeit, die sich auch jene schulden, die gerne ganz idyllisch von Liebe und Zweisamkeit reden. »Wohin die Liebe fällt« – und das trifft auch auf das Begehren zu – das ist nicht so zufällig, wie es den Anschein hat. Uns dessen bewusst zu sein, ist ein wichtiger Schritt. Und zwar nicht, weil es darum geht, aus unserem Kontext herauszuspringen. Das wäre ohnehin nicht möglich. Aber weil wir mit solchem Bewusstsein eher in die Lage versetzt werden, unseren Kontext und unsere Lebenswelt verantwortlich zu gestalten und vielleicht zu verbessern.

Luft nach oben: das Christentum als »Zivilisation der Liebe«

Sexualität ist reaktiv, und jedes Begehren wurzelt in einer bestimmten Kultur – so könnte man kurz zusammenfassen. Als Theologe drängt sich mir jetzt die Frage auf: Was bedeutet das für Christentum und Kirchen? Denn der Anspruch des christlichen Glaubens war es immer, Kultur zu prägen, eine »Zivilisation der Liebe« zu errichten, wie es Päpste regelmäßig verkünden.[24] Hält das Christentum diesem Anspruch wirklich stand? Prägnant und in einem Satz: Trägt das Christentum dazu bei, eine Kultur zu errichten, in der Menschen sich als liebend-begehrende Wesen auf Augenhöhe, in treuer Verbindung zu ihren eigenen Bedürfnissen und ohne Angst vor Sanktionen sexuell begegnen und damit ihr Mensch-Sein verwirklichen können? Mir ist klar, dass es keine eindeutige Antwort auf diese Frage gibt. Aber es gibt verfestigte Trends und Tendenzen, Schlagseiten und Unwuchten. Auf diese möchte ich hinweisen. Ich meine, es sind drei Ebenen, die dabei eine Rolle spielen.

Die erste Ebene sticht am meisten ins Auge. Deshalb möchte ich sie auch nur erwähnen, denn es gibt bereits Studien, die hier in die Tiefe gehen. Es ist die Frage nach den Geschlechterrollen und -stereotypen, die durch das Christentum geprägt und vertieft wurden. Im Zentrum steht dabei, dass es so etwas wie eine »Standesethik« für Mannsein und Frausein gibt, mit vermeintlich von Natur aus dem einen und dem anderen Geschlecht zukommenden Aufgaben, Verhaltensweisen und Rollenmustern. Draußen in Gesellschaft, Politik und Wirtschaft: der Mann; drinnen im Haus, am Herd, in der Familie: die Frau. Unentgeltliche Care-Arbeit für die eine, entgoltene Erwerbsarbeit für den anderen. In Harmonie zusammenwirken sollen sie aber zum Wohl des Nachwuchses, für den ja auch die von Frauen zu leistende Familiensorge so nötig ist. Weil es ohnehin eher »weibliche« Eigenschaften wie Gefühl, Sorge und Zuneigung seien, die da erforderlich sind, und der Mann viel besser beherrsche, was außerhalb von Haus und Heim gebraucht werde: ordnende Verantwortung und ökonomische Weitsicht …[25]

Solche Rollenklischees wurden durch das Christentum befördert und großgemacht. Sie wurden dort vielleicht nicht geboren, sondern entstammen dessen umgebender Kultur der Antike. Aber das Christentum hat im patriarchalen Familienmodell gerne so etwas wie ein »Basismodul« erkannt, um sein hierarchisches Selbstverständnis zu tradieren. Nicht Augenhöhe und das Miteinander-Aushandeln sind die Mittel, auf die man setzt, sondern eine klar definierte Ordnung von Vorgabe und Aufnahme, von »vorgesetzt« und »nachgeordnet«. Das Muster ist eine Hirtensorge in der Kirche, die sich im Familienbild wiederfindet:

Einer hat Verantwortung und macht die Ansagen, die anderen sind ihm vertrauensvoll zugeordnet und folgen bereitwillig. Es ist das Modell eines »soften« Autoritarismus, der unter dem Deckmantel der Fürsorge entmündigt. Die christliche Sicht auf das Geschlechterverhältnis wurde davon stark geprägt, mit den Folgen, die wir heute vor allem im Katholizismus beobachten können: Frauen müssen sich ihren Platz mühsam erkämpfen, institutionell ist er nicht vorgesehen, im Gegenteil – sie haben eine »Würde zweiter Klasse«, auch wenn die offizielle Lehre das nicht eingestehen will und Frauen in den höchsten Tönen lobt.

Eine zweite Ebene mache ich nicht an einer definierten Sicht zu den Geschlechterrollen fest, sondern an einem Grundzug des Christentums, den ich oft, gerade in beziehungsethischen Positionierungen erkenne. Es ist die beharrliche Tendenz, Widerstrebendes beinahe um jeden Preis zusammenhalten zu wollen, um damit auf einer abstrakten Ebene ein Ideal zu verteidigen. Drei Beispiele: Lieber eine Ehe »retten«, obwohl beide Partner:innen darin Schaden nehmen, als auch in getrennten Wegen einen Willen Gottes zu erkennen. Lieber Menschen dazu verleiten, ihr biologisch angeborenes Geschlecht beizubehalten, obwohl das existenzielle Verrenkungen für sie bedeutet, als den längst stattfindenden inneren Prozess hin zu einer anderen Geschlechtsidentität aktiv zu unterstützen. Lieber Menschen auf das heterosexuelle Leitbild verpflichten, als sie bei ihrem Coming-out als schwul oder lesbisch liebende Menschen zu begleiten …

Es scheint, dass wie mit der chirurgischen Wundklammer Lebensrealitäten zusammengezwungen werden sollen, damit eine Form erhalten bleibt, die dem theologisch hergeleiteten Normideal entspricht. Das Bizarre dabei ist: Auf der Ebene der pastoralen Begleitung spüren viele Seelsorger:innen längst, dass ihnen

eine solche Lehre keine Hilfe ist bei ihrem Versuch, den christlichen Glauben als Kraftquelle zu erschließen. Aber die durch ein
kirchliches Lehramt und das entsprechende Kirchenrecht einge-
zogenen Grenzmarken haben derartige Beharrungskraft, dass die
handelnden Personen in der Pastoral das, was ihnen als menschlich und theologisch eigentlich angemessene Haltung erschiene,
nur »auf eigene Kosten« – und natürlich auf eigenes Risiko – ver-
treten können. Die Norm wirkt wie ein Stacheldraht, der Wunden in ohnehin oft schon verwundetes Leben schlägt.

Dieser Grundzug des Zusammenhaltens und Integrierens
wurzelt in einem bestimmten Selbstverständnis, nämlich in der
Fiktion, die Kirche und ihr Handeln könnten verlustfrei und
absolut »treu« etwas von dem abbilden, was sie als Gottes Heils-
handeln verstehen. Am Beispiel der christlichen Ehe habe ich
das in diesem Buch bereits ausführlicher erörtert. Man kann
doch nicht auseinanderfallen lassen, was von Gott her »ganz«
gedacht ist – Kirche und Christentum haben eben dafür Abbild zu sein! Veränderung muss vor dem Hintergrund eines solchen Denkens als Bruch aufgefasst werden oder als Scheitern.
Dass es auch das mühsame Hervorbrechen von neuen Formen
guten Lebens gibt, Entwicklungsschritte, die dem Gegebenen
abgerungen werden müssen und die aufs Ganze gesehen eben
auch Teil eines christlichen Zeugnisses sind, ist da nicht auf dem
Schirm. Die Welt ist göttliche Schöpfung und der Mensch ist
als Geschöpf in der Lage und Verantwortung, seiner Rolle in
diesem Kosmos gerecht zu werden. In einer solchen Sicht wird
Zusammenzuhalten zum obersten Leitmotiv, dagegen steht eine
Haltung, die Unterschiedlichkeiten wertschätzen, Bruchstellen
als Chance oder Entwicklungsschritte sehen könnte, tendenzi-
ell nur in zweiter Reihe.

So beeindruckend ein solches Ganzheitlichkeitsdenken auf dem Papier erscheinen mag, in der Lebenspraxis kann es einengende, zwanghafte und erstickende Wirkung entfalten. Menschen werden in ihren Lebensschritten, die eben oftmals tastend, suchend und auch unsicher sind, mit denen sie manchmal ins Risiko gehen müssen, um nach so manchem Fehlschritt auch wieder umzukehren und neu anzusetzen, nicht wirklich gewürdigt. Im Gegenteil: Sie müssen Spannungen und Widerstände mit sich selbst ausmachen, denn sie verfehlen ja das normative Soll. Ihre Religion sendet das Signal: Schau, dass du auf dem rechten Weg bleibst! Versuche durchzuhalten, sonst könntest du verraten, wofür du zu stehen hast!

Diese Dimension des Christentums – der Gestus des Zusammenhaltens – ist über Jahrhunderte einer seiner am vehementesten kulturprägenden Impulse. Mag es wundern, dass davon auch die Ausrichtung von Liebe und Begehren gesteuert wird? »Auf sich zu hören« ist kein Wert in einem Beziehungsethos, das die formale Fortdauer der ehelichen Institution über deren gelebte Qualität stellt. Und ein Ethos des ehelichen Legalismus befördert auch nicht eine Sensibilität der Partner:innen für die jeweilige Befindlichkeit des individuellen Begehrens, dessen Abhängigkeit von Stimmungen, Kontexten und Lebensumständen. Für die Illusion, es gäbe ein »Recht auf Sex« hat die Institution der christlichen Ehe verhängnisvollerweise wohl viel Zuarbeit geleistet! Wenn es auf der Ebene der »vollzogenen« Ehe zu Problemen gekommen ist, erkennt das Kirchenrecht selbst das gar als Ehenichtigkeitsgrund an!

Schließlich möchte ich auf einen dritten Punkt hinweisen. Es ist der Blick auf die reale Gestalt des gelebten und kirchlich praktizierten Christentums. Je länger ich selbst Mitglied meiner eigenen, der katholischen Kirche bin, desto intensiver tritt mir vor Augen, welch verdrehte, in sich mehrfach verkantete Gestalt dieses Kirchen-Christentum angenommen hat. In seiner Botschaft vertritt der Glaube die gleiche Würde aller Menschen, die barmherzige Gerechtigkeit eines Schöpfergottes, die befreiende Erlösung und Hoffnung in Jesus Christus. In seiner kirchlich praktizierten Gestalt aber tritt der kirchenamtliche Katholizismus dann auf als geschlechterdiskriminierende Anstalt einer hoheitlich über den männlichen Klerus geregelten Heilsvermittlung, als eine Kultur, in der meine Töchter zwar Ministrantinnen werden können, auf der liturgischen Leiter dann aber an eine gar nicht so gläserne Decke stoßen. Dies ist eine Kultur, die zwar die Menschwerdung Gottes im Fleisch verkündet, aber den konkreten Leib lieber unter gleichmachenden liturgischen Gewändern verstecken möchte.

Letzteres ist nun natürlich im übertragenen Sinne gesprochen. Aber es scheint mir ein zentraler Gedanke: dass sich – insbesondere im Katholizismus – eine Kirchen- und Religionskultur entwickelt hat, die das Konkret-Körperliche gerne versteckt, weil sie so abstrakten Vorstellungen von Mann-, Frau- und Menschsein anhängt. Und weil, pauschal gesprochen, ohnehin der Normalfall des Menschlichen der Mann ist, Männer als geweihte Priester ja auch im Grunde für das Gottesvolk als Ganzes sprechen und beten können, auch wenn sich darin durchaus viele Frauen und geschlechtlich divers empfindende Menschen befinden … Wie viele Priester, die ja doch auch konkrete Menschen sind und als solche eben Männer, leiden unter dieser »anthropologischen Häresie« des Christentums! Denn sie müssen als Geweihte ihr konkretes Mannsein eigentlich verleugnen, zumindest hintanstellen. Als Mann werden sie quasi »ent-individuiert«, weil sie als geweihte Kleriker nach gängiger Weihetheologie Christus zu repräsentieren haben. Dabei ist Gott doch selbst einst »Fleisch« geworden. War wohl Jesus kein Mensch mit männlichem Empfinden, einem sexuellen Begehren und einem Gefühl für die nötige Augenhöhe aller, ob Mann oder Frau?

Der Katholizismus hat eine Kirchenkultur mit einer seltsam ambivalenten und verdrehten Haltung zu Leib und sexueller Individuation ausgebildet. Eine Diskriminierungspraxis im Blick auf das konkrete Geschlecht geht einher mit der Chimäre vom »Allgemein-Menschlichen«, die sich in einer Blindheit gegenüber dem konkreten Leib und seiner Lebendigkeit ausdrückt. Hier ist nicht der Ort, um die Entstehungsgründe für all das nachzuzeichnen. Aber wir müssen die Resultate festhalten: Es gibt einen fatalen Zug, dass das Abstrakte und Allgemeine das Individuelle und Konkrete aussticht. Und damit liegt nun ein Gegenmodell zur Sexualität vor. Die ist nämlich sehr real erlebbare Leiblichkeit. Leben als fassbare und erfühlbare Realität. Konkret, nicht allgemein! Was macht es mit den Menschen, wenn sie in der christlichen Religion sich selbst und das Leben zwar abstrakt feiern, aber die Konkretion unter dem Deckel bleiben muss?

Kraftort, nicht Herrschaftsmittel: Sexualität und die prophetische Stimme des Glaubens

Diese Bemerkungen »in eigener Sache« sind wichtig, weil sie Licht in ein Dunkelfeld werfen, mit dem sich das Christentum herumschlagen muss. Es ist mitverantwortlich für vieles, was sich in der Kulturgeschichte der letzten zweitausend Jahre entwickelt hat. Niemals ist es allein dafür verantwortlich, und einer seriösen geschichtlichen Verstehensweise widerspräche es auch, das

Christentum alleine auf seine aus heutiger Sicht problematischen Spuren festzulegen und anderes, etwa kulturelle Leistungen, die sich ebenfalls christlicher Inspiration verdanken, auszublenden. Aber es ist eben auch mitverantwortlich für die problematische Geschichte der Geschlechterkultur und manche Tradition gelebter Sexualität. Über eine sehr lange Zeit haben Kirchen und ihre Theologien auch selbstbewusst behauptet, mit Fug und Recht die »Sexualmoral« formulieren zu müssen, an der sich Welt und Gesellschaft auszurichten hätten. Dass diese Sexualmoral oftmals selbst Kind ihrer Zeit war, dafür gab es kein oder wenig Bewusstsein. Wenn seit einigen Jahrzehnten ein Wechsel im Denken eingesetzt hat, dann ist das nur zu begrüßen. Zunächst bestanden die Arbeiten der Theologinnen und Theologen aber vor allem darin, Erblasten abzutragen und Irrwege in den Lehrgebäuden der Kirchen zu brandmarken.

Meine eigenen Seminare und Vorlesungen zu den Themen Sexualität und Beziehungsethik an der Universität Fribourg gehören seit vielen Jahren zu meinen liebsten Veranstaltungen, und sie werden von den Studierenden auch meist besser besucht als andere Angebote. Ich habe mich gefragt, woran das liegt. Ich glaube, viele haben die Vermutung, dass die christliche Botschaft noch mehr oder anderes zum Thema Sex und Beziehung zu sagen hat als das, was dazu gewöhnlich von den Kirchen zu Gehör gebracht wird. Und ich denke, die Studierenden spüren, dass die Themen Sexualität und Religion auf einer grundsätzlichen Ebene etwas miteinander zu tun haben: Beide Dimensionen berühren etwas Wesentliches unseres Menschseins. Im Sex und im Glauben bin ich damit konfrontiert, dass es ein Gegenüber gibt, das mir ein Spiegel meiner selbst ist, ob ich es will oder nicht. Damit stehe ich vor der Frage, ob und wie ich mich selbst sehe, wie ich mich äußern kann und möchte. Falschheit im Ausdruck, Verfälschung der Sprache ist auf beiden Feldern verhängnisvoll. Botschaft und Ausdruck stehen sowohl in der sexuellen Begegnung wie auch im religiösen Glauben in einem ganz engen Verhältnis. Beide Dimensionen berühren mich höchstpersönlich, aber beide sind nicht einfach nur »Privatsache«. Denn sie werden beeinflusst von ihrer Umgebung, einer Kultur, einer Gesellschaft, einer Mentalität. Weil Sex und liebendes Begehren nicht einfach Privatangelegenheit sind und sich auch nicht einfach von selbst ergeben, haben wir eine Verantwortung dafür. Wir müssen damit umgehen, Formen und Wege dafür finden, unser begehrendes Tun und Sein zu gestalten.

Für den christlichen Glauben und die Kirchen sehe ich vor allem drei Felder, in denen sie Nachholbedarf haben: im Spracherwerb, in der Handlungskompetenz und schließlich in etwas, das ich »Prophetismus der Machtkritik« auf dem Feld der Sexualität nenne. Spracherwerb setzt zunächst voraus, die existierende Sprachlosigkeit zu überwinden. Die Herausforderung ist umfassend, weil sie so etwas wie einen Kulturwandel voraussetzt. Ich möchte es mit einer Vision umschreiben: Wir sollten dahin kommen, dass im Raum der Religion ohne peinliches Erröten und schamhaftes Beschweigen über Leiblichkeit, Körper und Sexualität gesprochen werden kann. Dass Menschen sich als leibliche, begehrende und liebende Menschen im Raum von Religion beheimatet fühlen können. Und das geht noch einen Schritt weiter: Dieser Raum der Religion, so die Vision, sollte Menschen sogar ein Resonanzraum sein, der ihnen hilft, ihre eigene, persönliche Sprache für die sexuelle Dimension ihres Menschseins zu entwickeln, und ein Ort, an dem sie lernen können, zu sexuell handlungsfähigen Menschen zu werden.

Ich habe nun nicht die gespenstischen Nischenangebote im Sinn, in denen »Keuschheitsgelübde« oder dergleichen mit einer religiösen Patina belegt werden und man meint, damit dem »Willen Gottes« zu genügen. Mir geht es grundsätzlich um eine neue Umgangsweise mit dem Bereich Sex, Begehren und Zärtlichkeit. Daraus könnte eine Kultur innerhalb der Kirchen werden, die bisher noch nicht selbstverständlich ist. Das könnte sich darin äußern, dass religiöse Bildungsträger Angebote machen, zum Beispiel für Jugendliche zum Thema »Sex und Zärtlichkeit erfahren und erkunden«, Kurse für asexuell empfindende Erwachsene zum Thema »Wenn Sexualität keine Sprache ist, die ich sprechen möchte« oder für langjährige Paare zum Thema »Sexuelle Pausen leben und überwinden«. Was ist mit adressatenspezifischen Angeboten für Transgender-Menschen sowie für Schwule und Lesben? In denen sie erfahren: Meine Form der Sexualität ist vollkommen legitim – weil ich es bin, der oder die sie lebt. Ich wünsche mir Denk- und Sprechorte, die das Thema Sexualität nicht mit derart spitzen Fingern anfassen, wie es die Tradition des Christentums so lange getan hat, sondern Angebote, die eine neue Sprache sprechen, die zunächst von den Erfahrungen der betreffenden Adressat:innen ausgeht. Wo Sexualität als eine ganz und gar menschliche und deshalb gute und förderliche Lebensenergie erkannt wird.[26]

Neben Spracherwerb und Handlungskompetenz erscheint mir der christliche Glaube auf einer weiteren Ebene von besonderer Bedeutung für das Thema Sex. Ich meine damit die ganz eigene Perspektive, die Menschen mit ihm – seit den biblischen Zeiten – auf Welt, Menschen und die Zustände, die dort herrschen, einnehmen. Diese Perspektive zeichnet sich dadurch aus, dass sie vor dem Horizont des Glaubens an die absolute Güte und Gerechtigkeit Gottes nach dem suchen, was innerhalb der Welt eben nicht gut und gerecht ist. Dieser Glaube kann – *at its best* – Herrschafts- und Machtkritik sein: Das kann die Kritik daran sein, wie Menschen ihre Verantwortung missbrauchen, ihre Talente nicht einsetzen, einander funktionalisieren und damit nicht ihrem eigenen Schöpfungsauftrag nachkommen, Ebenbild Gottes zu sein, wie es ganz zu Beginn der Bibel, in der Schöpfungserzählung des Buches Genesis (1,27) ausgesagt ist.

Die Sozialkritik der Propheten des Alten Testaments steht für diese Rolle des Glaubens. Der Prophet Amos etwa warnt davor, sich mit Liturgie und Gottesdiensten zu begnügen, aber gerechte Zustände in der Gesellschaft zu vernachlässigen: »Ich hasse und verachte eure Feste und mag eure Versammlungen nicht riechen – es sei denn, ihr bringt mir rechte Brandopfer dar –, und an euren Speisopfern habe ich kein Gefallen, und euer fettes Schlachtopfer sehe ich nicht an. Tu weg von mir das Geplärr deiner Lieder; denn ich mag dein Harfenspiel nicht hören! Es ströme aber das Recht wie Wasser und die Gerechtigkeit wie ein nie versiegender Bach.« (Amos 5,21-24) Im sogenannten »Lobgesang Mariens«, dem Magnificat, das sicherlich eines der beeindruckendsten Gebete der Bibel ist und ein langes Echo in der Musikgeschichte hinterlassen hat, wird die Umkehr der Herrschaftsverhältnisse aus dem Glauben an den guten und gerechten Gott ganz offen benannt: »Er stößt die Gewaltigen vom Thron und erhebt die Niedrigen. Die Hungrigen füllt er mit Gütern und lässt die Reichen leer ausgehen.« (Lukas 1,52-53) Macht- und Herrschaftskritik ist Teil der DNA des biblischen Glaubens. Weil es einen Höchsten gibt, bleiben alle irdischen Güter und Werte, alle menschlichen Werke stets hinter dem, was sein könnte, zurück. Es ist immer eine noch größere Gerechtigkeit vorstellbar, das höchste Gut ist Gott allein und von dort her wird eine Kritik menschlicher Verhältnisse möglich – und nötig. Und im Magnificat ist es die Stimme einer Frau, die solche Machtkritik äußert.

Ich meine: Dieser Glaube hätte durchaus das Potenzial, Befreiendes zum Thema Sexualität zu sagen. Mit Berufung auf diesen Glauben könnte der Blick geschärft werden für die Unfreiheiten, unter denen Frauen, Farbige, Homosexuelle, Transgender-Menschen leiden, weil sie in bestimmten kulturellen Settings entweder nur im Klischee wahrgenommen werden oder weil dem männlichen Geschlecht oder der weißen Hautfarbe im Konfliktfall grundlos mehr Kredit eingeräumt wird. Der Glaube an den biblischen Gott, wie er im christlichen Glauben gelebt wird, könnte eine Ressource sein, um Übergriffigkeit und Gewalt zu brandmarken, die sich mal subtil in den Bewertungen der Kultur, mal ganz offen in Streit und Auseinandersetzung Bahn brechen. Dieser Glaube könnte Menschen einen Kompass geben für Widerstand – weil sie mit diesem Glauben ein Tiefenwissen in sich tragen, das an der nicht verrechenbaren menschlichen Würde Maß nimmt und das jede Verzweckung verbietet. Das sensibel dafür macht, wenn Menschen ihre Freiheit durch stille, manchmal kaum sichtbare Verschiebungen kultureller Grenzen, durch scheinbare Selbstverständlichkeiten genommen wird: »das gehört sich nicht für eine Frau« – »ein Mann muss funktionieren«. Zu solch versklavenden Kulturbotschaften gehört auch das, was jugendliche Frauen und Mädchen bei ihren *peers* oft zu hören bekommen: »Im Sex ist die Währung, Erfahrungen zu sammeln, auf deine eigene Lust kommt es gar nicht so an« ...[27]

Wie wäre es also, den christlichen Glauben nicht als Legalismus zu verstehen, der mit einer Daumen-rauf-Daumen-runter-

Haltung Verbote und Erlaubnisse ausspricht? Ich plädiere dafür, ihn zu begreifen als einen Prophetismus für die Idee eines guten und gerechten Lebens, in dem die »Mächte und Gewalten« dieser Welt, von denen der Apostel Paulus in seinen Briefen spricht, identifiziert, gebannt und schließlich besiegt werden. Damit die gleiche Freiheit, die dieser Glaube kraft Schöpfung und Erlösung verheißt, auch wirklich erlebt und erfahren werden kann – auch in Sexualität und Begehren: *»Denn wir haben nicht gegen Menschen aus Fleisch und Blut zu kämpfen, sondern gegen Mächte und Gewalten, gegen die Weltherrscher dieser Finsternis, gegen die bösen Geister in den himmlischen Bereichen. Darum legt die Waffenrüstung Gottes an, damit ihr am Tag des Unheils widerstehen, alles vollbringen und standhalten könnt! Steht also da, eure Hüften umgürtet mit Wahrheit, angetan mit dem Brustpanzer der Gerechtigkeit, die Füße beschuht mit der Bereitschaft für das Evangelium des Friedens.«* (Epheserbrief, 6,12-15)

Ich möchte in dieser starken Sprache der biblischen Texte fortfahren und ein Resümee ziehen: Gerechtigkeit und Wahrheit sind das, was erst den warmen Regen ausmacht, von dem der Titel dieses Kapitels spricht. Sexuelles Miteinander bedarf dieses warmen Regens, denn es ist so anfällig dafür, zu verkümmern, einzugehen, Schmerzen auszulösen, zum Instrument von Diskriminierung zu werden. Das kann durch mangelnde Aufmerksamkeit passieren, durch Sprachlosigkeit und Scham, durch überzogene Erwartungen und durch die direkte und indirekte Ausübung von Macht und Herrschaft. Eine durch den biblischen Glauben geschulte Wachsamkeit für solche Verzerrungen kann die Grundlage eines Wachstums auf dem Feld von Sex und Begehren sein. Welche Ressource – oder, biblisch gesprochen: welcher Segen!

6.
Glanz der Ewigkeit. Ein neues Ethos für Liebe und Beziehung

Zeit für eine Bilanz. Wohin haben die Überlegungen geführt und was könnte das Zwischenergebnis sein? Es gibt eine Spur, in der sich dieses Buch bewegt, die seit Langem ausgetreten ist: Es ist die so oft zitierte und vermaledeite katholische »Sexualmoral«. So wurde in der Geschichte des Katholizismus der Anspruch bezeichnet, aus dem Erbe des Glaubens heraus verbindliche Normen dafür zu definieren, wie Menschen ihre Sexualität »einzusetzen« haben. Ohne Bewusstsein dafür, dass auch Kultur und Mentalität mitprägend sind für geschlechtliche Identitäten, war es das Ziel solcher »Sexualmoral«, festzulegen, wann genau und in welcher Weise sexuelle Praktiken angemessen seien.

Man glaube nicht, hier habe es viel Spielraum für die Vielfalt des wirklichen Lebens gegeben. Besessen von der Annahme, Sex sei im Kern etwas Gefährliches und Korrumpierendes, ging es Kirche und Theologie um dessen Eingrenzung und um die detailgetreue Beschreibung der Situationen, in denen Sex als akzeptabel gelten durfte. Wollte man es ganz kurz zusammenfassen, würde man sagen: Die Ehe ist der einzige Ort, wo Sex sein soll, und ansonsten ist »Keuschheit« ein hoher Wert.[28] Die Erweiterungen, die mit dem II. Vatikanischen Konzil an der »Ehelehre« der Kirche vorgenommen wurden, waren dann eher ein »Additiv«, etwas, das hinzugefügt wurde, aber nichts, was zu einer wirklich neuen Grundeinstellung zum Thema geführt hätte. Ich meine damit die Aussage, dass neben der Fortpflanzung auch die Liebe zwischen Ehepartnern ein hohes »Ehegut« sei.

Aus den expliziten Normen der Religion wurden mit der Zeit die impliziten Imperative der bürgerlichen Kultur, und als solche sind sie vielleicht noch erdrückender geworden, als es unter rein religiösem Gewand der Fall war. Denn von der Religion kann man sich distanzieren. Das aber, was eine Gesellschaft oder eine mentale Lage an verschwiegenen Normstandards kommuniziert, ist viel weniger greifbar, deshalb fällt auch die Emanzipation davon schwerer. Nun habe ich auf der Ebene von Religion und Glaube angesetzt, und damit an der Wurzel eines Denkens, das für die alte Sexualmoral verantwortlich war und das ich überwinden möchte. Ich denke, dass dies ein notwendiger Schritt ist, weil es darzulegen gilt, weshalb man von religiöser Warte auch zu anderen Schlüssen kommen kann, als es bisher der Fall ist. Ich glaube, damit meiner Rolle als Theologe gerecht zu werden. Theologie hat ja nicht die Aufgabe, bisheriges Katechismuswissen zu wiederholen, sie soll vielmehr neue Herausforderungen wahrnehmen und aus dem Erbe einer Überlieferung dafür Antworten formulieren.

Das Format »katholische Sexualmoral« halte ich für überholt und dringend reformbedürftig. Dass daran Kritik geäußert wird, ist nicht neu. Neben der Kritik sollten aber auch konkrete Vorschläge für eine Neuausrichtung gemacht werden. Eine solche

Neuausrichtung ist Gegenstand dieses letzten Kapitels. Dabei sind Stil und Duktus des bisher Gesagten aufzunehmen. Denn man kann heute nicht mehr so über diese Themen reden, wie dies lange Zeit der Fall gewesen ist – vermeintlich allwissend und letztlich bevormundend. Folglich geht es eher um Empfehlungen als um fixe Normen oder gar Gebote. Ich halte es für wichtig, dass die Form, in der gesprochen wird, auch dem entspricht, was inhaltlich gesagt wird. Das bedeutet, dass die Einordnungen dieses Buches zur Realität gelebter Beziehungen oder zur Verletzlichkeit, der Menschen in ihrer sexuellen Identität ausgesetzt sind, einen Stil der Diskretion vorgeben. Eine Sprache der Zurückhaltung, auch wenn und vielleicht gerade weil dieses Sprechen orientierend sein möchte.

Für falsch erachte ich aber auch eine Haltung nach dem Motto: »Christentum, halt die Klappe«. Bei Kolleginnen und Kollegen aus der Theologie vernehme ich manchmal die Forderung, das Christentum solle erst einmal drei Generationen gar nichts mehr zum Thema Sex und Beziehung sagen, so belastet sei seine Geschichte damit. Ich glaube, dass es viele Menschen gibt, die zwar Schwierigkeiten mit diesem Erbe haben und sich heute nicht mehr normativ in ihr Leben hineinreden lassen wollen, die aber dennoch eine positive Erwartung haben zu erfahren, wie aus christlicher Warte heraus zentrale Lebenswirklichkeiten angeschaut werden können.

Dem Christentum darf es also nicht darum gehen, mit aufgeblasenen Backen große normative Ansagen zu machen. Dafür gibt es auch keinen Bedarf, die Menschen wollen selbst entscheiden, wie sie sich in den existenziellsten Fragen ihr Leben ausrichten wollen. Und eine solche Haltung entspräche auch nicht dem, worum es geht. In Fragen von Liebe und Beziehung zielt eine

Ethik nach dem Prinzip »Daumen rauf – Daumen runter« am Gegenstand vorbei. Worauf es hier ankommt, liegt auf anderer Ebene: Es geht darum, Wahrnehmung zu schulen und Perspektiven zu eröffnen. Beides sind wesentliche Elemente einer Haltung der ethischen Verantwortung. Sie bereiten ethisch verantwortete Schritte vor und machen sie möglich, aber sie wollen diese nicht einfach ersetzen – durch autoritäre Aussagen von oben, denen man nur noch gehorchen kann. In diesem Sinne sind die nachfolgenden Punkte zu verstehen. Sie greifen die wichtigsten Überlegungen aus den vorangegangenen Kapiteln auf und bündeln sie in fünf Grundhaltungen, die eine Ethik der Liebe, oder etwas bescheidener: ein erneuertes Ethos von Liebe und Beziehung prägen sollten. Ich möchte damit antworten auf die Frage: Was sollten wir aus allen bisherigen Überlegungen mitnehmen? In welcher Richtung könnte es weitergehen?

Grundhaltung 1:
Die Grenzen des Lebendigen ernst nehmen!

Wir stehen liebend in Beziehung miteinander. Liebend treten wir beim anderen ein, überschreiten eine Schwelle zum Gegenüber, so, wie wir selbst diesem Gegenüber Gastgeber:in sind. Das bedeutet Intimität: einander Gast sein dürfen, beim anderen zu Hause sein, eintreten in eine andere Welt. Das birgt Chancen und Risiken. Die Risiken bestehen darin, dass Grenzen verletzt werden können, Respekt versagt wird, wir in Konflikt miteinander geraten. Wir müssen miteinander auskommen, auch als Liebende. Wie aber können wir wissen, was hierfür ein Maßstab sein kann?

Hierbei hilft kein »deduktives Verfahren«, das von abstrakten höheren Prinzipien ausgeht, sondern nur der Blick auf die Wirklichkeit, die von Menschen erlebt, erlitten und erfahren wird. Und diese Erfahrungswirklichkeit des Menschen zeigt zweierlei – eine ungeheure Energie und schöpferische Fähigkeit auf der einen Seite, und die Erfahrung, dass solche Kräfte manchmal nicht ausreichen, alles Wirken Stückwerk bleibt, Dinge nicht aufgehen, auf der anderen Seite. Zu lieben, das ist die Existenzweise, die dem Menschen als einem Wesen mit einer solch ambivalenten Natur eigen ist. Zu Beginn des Buches habe ich gesagt: »Wer liebt, glaubt, dass es noch nicht alles gewesen sein kann mit dem, womit wir uns täglich herumschlagen. Wer liebt, ahnt, es könnte noch mehr geben und, vor allem: Ich kann selbst etwas dafür tun, um dem näher zu kommen.« Die Liebe ist eine utopische Kraft und ich hatte dem einen Namen gegeben: Lieben heißt aufs Ganze gehen. Sich voll investieren und damit ein Risiko eingehen – weil es keine Garantie dafür gibt, dass die »Rechnung« aufgeht. Aber der Selbstverlust des Liebens kann auch bedeuten, dass ich mich überhaupt erst in einer Weise gewinne, die sonst nicht zu haben wäre. Als einen in der Begegnung erneuerten, verwandelten, beschenkten Menschen. Das ist menschliche Erfahrung: zu wandeln zwischen der Verheißung einer glückenden Selbstübersteigung und der Angst um Selbsterhaltung.

Eine Ethik des Liebens hat das zu berücksichtigen: dass Menschen zutiefst die Kraft innewohnt, über sich hinauszugehen, ein Stück Ewigkeit in der Enge aller Zeitlichkeit zu leben, den Horizont zu berühren. Ebenso hat diese Ethik zu berücksichtigen, dass das Streben, so sehr es den Menschen ausmacht, nie an ein Ende kommt, niemals sagen wird: Fertig, perfekt, vollkommen! Zu lieben heißt, beständig weiterzugehen, niemals aufzuhören, immer neu zu beginnen, in neuen Worten und auf andere Weise diesen Ausgriff auf den Horizont unserer Existenz zu versuchen.[29] Die Theologin Dorothee Sölle sagt deshalb: Jede liebende Beziehung zielt darauf ab, nicht einfach nur zusammen zu *sein*, sondern zusammen etwas zu *machen*. Nicht umsonst stellt sie ihr Werk zu dem Thema unter den Titel *Lieben und Arbeiten*[30]. Und bell hooks, die amerikanische feministische Literaturwissenschaftlerin und Autorin, sieht die Liebe in einem Kontext mit der Gerechtigkeit: als eine omnipräsente Energie zur Umschaffung der Welt. Ich liebe und fühle mich beteiligt an der Verwandlung der Welt in eine bessere.[31] Ich liebe und kann damit etwas dafür tun, das Zerrissene zumindest ein Stück zusammenzuhalten, es neu zu verweben. Damit Heilung beginnen kann. Damit es Perspektive gibt und Hoffnung.

> *Du sendest deinen Geist aus: Sie werden erschaffen und du erneuerst das Angesicht der Erde.*
>
> (Psalm 104,30)

Eine Ethik der Liebe braucht deshalb Begriffe und Bilder des Weges, des Prozesses, des Parcours. Nicht Kategorien der Vorgabe, der Befolgung und der Erfüllung. Es geht darum, zu beschreiben, wie Menschen in Bewegung bleiben und die für sie und ihre Situation passenden Entwicklungspfade einschlagen können. Eine Ethik der Liebe wird aufmerksam sein für den jeweils nächsten Schritt, sie wird nicht verurteilen, wenn Menschen an Grenzen stoßen. Eben darin ist eine solche Ethik den tiefsten Impulsen des biblischen Gottesglaubens verdankt. Sie anerkennt, dass Menschen in ihrem Tun und Wirken ihr Bestes geben können und dennoch niemals vollständig abzubilden vermögen, was der Glaube die Einzigartigkeit der Güte Gottes nennt. Gott allein ist der Höchste, er allein ist umfassend gut.

So, wie es Hannah in ihrem Loblied im ersten Buch Samuel ausdrückt: »Keiner ist heilig wie der HERR; / denn außer dir ist keiner; / keiner ist ein Fels wie unser Gott« (1 Sam 2,2).

Eine solche ethische Grundgrammatik hat Konsequenzen. Sie ist nicht überrascht, wenn Menschen auf ihrem Weg des Liebens stolpern und auch fallen. Dann tut sie alles, um es diesen Menschen möglich zu machen, wiederaufzustehen und als Liebende miteinander weiterzugehen, möglichst lange. Sie macht ihnen Mut, mit Unvollkommenheiten zu leben und einander zu verzeihen. Sie ermutigt dazu, mit sich selbst gütig zu sein, aber auch, sich selbst als Mensch mit Fähigkeiten und Grenzen kennen und schätzen zu lernen. Sie bestärkt Menschen darin, einander Stütze und Halt zu sein und mit der Vision unterwegs zu sein: Es könnte für immer sein … Aber eine solche Ethik, die in der Liebe eine Kraft der Selbstübersteigung sowie des Fehlen-Könnens erkennt, wird auch anerkennen: Es gibt Situationen, wo es nach dem Stolpern heilsamer ist, den Lebensweg neu auszurichten und die Scherben des zerbrochenen Lebensgefäßes auf eine neue Weise zusammenzufügen. So schmerzhaft das ist. Und so wenig es von Beginn an bereits eingepreist sein darf.

Grundhaltung 2: Dauer und Verbindlichkeit – ja, aber bitte größer denken!

Irgendwann, meist in den jüngeren Jahren, finde ich Mr. oder Mrs. Right, wir ehelichen, pflanzen uns fort und sind fortan in Treue und sexueller Exklusivität ein Leben lang aufeinander verpflichtet … So oder ähnlich lautet das Skript, nach dem bis heute das Thema Liebe und Beziehung von vielen gedacht wird und vor dessen Hintergrund Abweichungen von diesem Weg als Scheitern beurteilt werden. Um es deutlich zu sagen: Dieses Konzept hat vieles für sich und wird von vielen Menschen auf eine beeindruckende Weise gelebt. Trotz einer gegenüber früheren Zeiten verlängerten Lebensdauer, einer höheren Mobilität und einer zunehmenden ökonomischen Selbstständigkeit der Ehepartner:innen ist dieses Konzept für sehr viele Menschen attraktiv, und das aus gutem Grund: Sich auf einen Menschen einzulassen und mit ihm einen Lebensweg zu gehen, schafft nicht nur Planungssicherheit und federt Notlagen ab, es ist auch das Versprechen auf ein Erleben von Gemeinschaftlichkeit und Nähe, die für viele zu den begehrtesten Gütern überhaupt gehören und für ein erfülltes Leben notwendig sind. Eine christlich inspirierte Ethik von Liebe und Beziehung sollte solche Lebensentwürfe weiterhin wertschätzen und Menschen ermutigen, sie als Option für sich in Erwägung zu ziehen und mit aller Kraft zu versuchen. Und auch ohne einen religiösen Hintergrund lässt sich sagen: Sie sind viel mehr als nur ein pragmatisch gewachsener Standard, der eben in der Tradition wurzelt oder sich kulturell ergeben hat.

Eine Ethik des Liebens muss allerdings ihre Scheuklappen ablegen, die sie – sicherlich in den Spuren der christlichen Tradition – bislang aufhatte. Denn es gibt unverkennbar Entwicklungen, die zeigen, dass Nähe, Verbindlichkeit und auch liebende Sorge füreinander auch jenseits der lebenslang gedachten, romantischen Paarbeziehung existieren. In jüngerer Zeit gibt es dazu erhellende sozialwissenschaftliche Untersuchungen, die auf diese Realitäten hinweisen. Andrea Newerla etwa stellt die Frage: »Gibt es jenseits des Romantikdiktats auch andere Beziehungsformen, in denen sich Menschen nah und bedeutsam sein, in denen sie sich liebevoll begegnen und füreinander da sein können?«[32]

Die Lebenswirklichkeit vieler Menschen spricht dafür. In einer Gesellschaft, in der über 40 % der geschlossenen Ehen wieder geschieden werden, Menschen aber nach wie vor die Sehnsucht und auch das Bedürfnis nach gemeinschaftlicher Einbindung, emotionaler Nähe und wechselseitiger Unterstützung haben, entstehen neue Formen der Intimität, in vielfältiger Form: das faktisch gelebte Modell der »seriellen Monogamie«, also die aufeinander folgende, exklusive Paarbeziehung, aber darüber hinaus vieles mehr, etwa zweckorientierte Lebensgemeinschaften, platonische Freundschaften, neue Kontaktformen über das Online-Dating, sogenannte Freundschaft-plus-Beziehungen, generationenübergreifende Wohngemeinschaften usw.

Viele dieser Konstellationen liegen jenseits der heteronormativen Paar-Norm, aber sie können etwas sehr Wichtiges leisten: Sie tragen dazu bei, mit Nähe und Intimität Welten zu bauen und ein In-der-Welt-Sein zu eröffnen.[33] Damit wiederum geschieht etwas, das

> *Lasst uns aufeinander achten und uns zur Liebe und zu guten Taten anspornen! Lasst uns nicht unseren Zusammenkünften fernbleiben, wie es einigen zur Gewohnheit geworden ist, sondern ermuntert einander, und das umso mehr, als ihr seht, dass der Tag naht!*
>
> (Brief an die Hebräer 10,24-25)

dem christlichen Glauben ein tiefes Anliegen ist – das Bewohnbar-Machen dieser Schöpfung. Denn die Konstruktion von Intimität bedeutet: Menschen sind in der Lage, durch ihre Fähigkeit, den anderen bei sich zu Gast sein zu lassen, mitten in einer unbehausten Welt Räume der Nähe und des Ankommens zu schaffen. Und, so die These vom »postromantischen Zeitalter«, dies geschieht in viel umfangreicherem Stil als nur innerhalb der romantischen Paarbeziehung. Das Christentum könnte anknüpfen, wenn es den bislang allein auf das heterosexuelle Ehemodell fokussierten Bundesgedanken erweitern würde: Liebe hat damit zu tun, dass Menschen miteinander Bande knüpfen und auf eine besondere, entschiedene Weise in Verbundenheit miteinander treten.[34] Dies kann unter den Vorzeichen emotionaler Ekstase geschehen, wie es in der romantischen Verliebtheit der Fall ist, es geht aber auch unter dem Vorzeichen von Freundschaft[35] oder dem der helfenden Nähe. Die längste Zeit der Geschichte wurde Emotionalität und Verliebtheit für die Ehe übrigens gar nicht als zwingend vorausgesetzt.

Ich will damit nicht sagen, dass wir hinter die moderne Koppelung von Ehebund und Liebesgefühl zurückgehen sollten. Aber ich möchte den Blick dafür weiten, dass es eine Vielfalt von Beziehungsmodellen gibt, die wertvoll sind. Eine Ethik der Liebe und Beziehung ist dafür in einer neuen Weise aufmerksam und überwindet damit die einseitige Fixierung auf den Ehebund. Mit einem solchen Denken wird auch eine andere christliche Wertschätzung für jene Instrumente des staatlichen Rechts möglich, die solch alternative Beziehungsformen sichern und stabilisieren, welche im deutschsprachigen Raum oft unter dem Schlagwort von der »Ehe für alle« zusammengefasst werden und in Frankreich seit vielen Jahren als PACS (pacte civil de la solidarité) bekannt sind.

Eine Ethik des Liebens und der Beziehung gewinnt damit einen neuen Blick auf die klassischen Werte von Treue und Verbindlichkeit. Es wird ein breiteres Verständnis sein, das nicht allein auf den Faktor der zeitlichen Dauer oder den der personellen Exklusivität setzt, sondern auch die Beziehungsqualität und den Willen zu solcher Qualität für wichtig und für unverzichtbar erachtet. Ja, es mag damit eine Relativierung des lebenslang angelegten Ehebundes einhergehen. Aber wäre diese Relativierung dramatisch, wenn sie geschieht, weil sich ein Blick dafür auftut, dass auch in anderen Formen von Beziehungen jene Werte gelebt werden, die dem Christentum so wichtig sind? Nähe, Solidarität, Sorge und Vertrauen? Es ist schließlich auch ein Verständnis von Treue, das danach fragt, wie ich mir selbst – mit meiner Lebensgeschichte und den darin angelegten Werten, Zielen und Möglichkeiten – treu bleiben kann, um anderen überhaupt Partner:in werden und bleiben zu können.

Grundhaltung 3: In vielen Sprachen sprechen! Sexualität

Redeweisen prägen Denken. Wo von »Sex« und »Sexualität« gesprochen wird, ist damit oft die Vorstellung verbunden, es ginge um eine irgendwie separierte Handlungsweise oder um ein »Etwas«. »Es miteinander machen«, heißt es dann. Das ist irreführend – und falsch. Sex ist kein Gegenstand, keine Sache, kein Produkt, also nichts, was man herstellen kann. Es ist eine Dimension des Menschseins. Eine Ausdrucks- und Äußerungsform. Ein Seinsmodus, vielfach verknüpft mit allen anderen Seinsweisen des Menschen: Seele, Körper, Geist, mit Fühlen, Denken und Verstehen. Im Kapitel dieses Buches, in dem es um die Sexualität geht, habe ich einen Vergleich mit der gesprochenen Sprache versucht, um dem auf die Spur zu kommen. Diesen Faden möchte ich hier nochmals aufgreifen.

Wenn wir Sex als Sprache und Ausdruck verstehen, muss einer Ethik der Sexualität daran gelegen sein, die Vielfalt von Rede- und

Ausdrucksweisen, die es in der Sexualität gibt, wahrzunehmen und zu respektieren. Denn wie auch in der gesprochenen Sprache gibt es zwar so etwas wie ein »System der Sprache«. Aber dieses wird von jedem einzelnen Menschen auf eine unverwechselbare, eigene, kreative Weise verwendet und in Szene gesetzt – im eigenen Sprechen.[36] Das bedeutet: Was Menschen im Sex als angemessen, passend und erfüllend empfinden, richtet sich nach deren eigenem Maß. Sexuelles Miteinander kennt so viele Ausdrucksweisen, wie es Menschen und Begegnungen zwischen ihnen gibt. Das sexuelle Sprechen kann ein Säuseln sein, das kaum Worte über die Lippen bringt. Manchmal genügt es Liebenden, sich einfach zärtlich an den Händen zu halten … Sexuelles Kommunizieren kann laut oder leise sein, bittend oder fordernd, langsam oder schnell, tosend und durcheinander. Es kommt darauf an, dieser Vielfalt sexuellen Ausdrucks, so er denn Ausdruck der menschlichen Person ist, Raum zu lassen. Mit einem Wort: Es gilt, die Redevielfalt auch im Bereich des Sexuellen zuzulassen. Dafür gibt es nur eine Bedingung: Es sollte ein Kommunizieren sein, das den anderen erreichen will. So wie ich auch redend den anderen im Blick habe, auf Verstehen und Verstanden-Werden aus bin.

> *Als sich das Getöse erhob, strömte die Menge zusammen und war ganz bestürzt; denn jeder hörte sie in seiner Sprache reden. Sie waren fassungslos vor Staunen und sagten: Seht! Sind das nicht alles Galiläer, die hier reden? Wieso kann sie jeder von uns in seiner Muttersprache hören?*
>
> (Apostelgeschichte 2,6-8)

Sexualität, so hatte ich es formuliert, ist die »Sprache meines Lebensrisikos«. Ich bin ganz bei mir und übersteige mich in der Begegnung mit dem Gegenüber. Ich werde durchlässig und setze mich anderer Lebendigkeit aus. Ich lasse mich ein auf das prekäre Spiel zwischen Selbstverlust und Selbsterhalt. Sexualität ist dem Wesen nach Spiel – es schreitet intuitiv voran und folgt dem Kompass des Begehrens. Zugleich führt mich der Prozess der sexuellen Begegnung in eine Verwundungsfähigkeit hinein, die größte Umsicht verlangt. Ein Hören auf mich selbst und meine Grenzen und ein Achten auf die Bedürfnisse und Grenzen meines begehrten Mitmenschen sind dringend erforderlich. Sie müssen erlernt werden. Dabei gibt es keine Garantie, dass diese Begegnung gelingt, aber wo das der Fall ist, eröffnet sich ein Stück Himmel auf Erden. Weil es zu einem Miteinander kommt, zu einer Begegnung, die meine eigene Endlichkeit ins »Mehr-als-Ich« hinein aufbricht. Als Theologe sage ich: Das hat sakramentale Qualität. Greifbares Symbol des Heils, etwas Jenseits im Diesseits, ein kurzer Streifen Unendlichkeit zu zweit.

Eine Ethik des Liebens und Begehrens sollte das Interesse haben, Menschen die Erfahrung solcher »Sakramentalität« auf eine Weise zu ermöglichen, die ihnen gerecht wird. Das bedeutet: Sie hat so etwas wie minimale Anforderungen zu beschreiben, die in der sexuellen Begegnung gewahrt sein müssen, wie es etwa Margaret Farley gemacht hat.[37] Dazu zählen insbesondere die Kriterien der Unversehrtheit, der Einvernehmlichkeit und der Gegenseitigkeit. Dass Personen nicht Schaden nehmen dürfen, physischer, psychischer oder spiritueller Art. Dass freiwillige Zustimmung eine unbedingt notwendige – wenn auch keine allein ausreichende – Bedingung für Sex ist, welcher dem Maßstab der Gerechtigkeit genügen will. Dass es keine etablierten Rollen in der sexuellen Begegnung gibt, wie dies lange angenommen wurde, eine vermeintlich typisch männliche aktive oder eine typisch weibliche passive Rolle.

Solche Normen sind, wie Farley schreibt, »keine Ideale, sondern Mindestanforderungen«. Und sie sind um das zu ergänzen, wofür ich in diesem Buch die prophetische Rolle des christlichen Glaubens in Anspruch genommen habe, nämlich um eine kulturelle Herrschaftskritik in Bezug auf die sexuelle Begegnung. Man könnte dafür auch die ethische Kategorie der Gleichheit heranziehen. Es geht um die Gleichheit der Macht. Es gilt, eine Aufmerksamkeit dafür zu entwickeln, dass es gesellschaftliche Bedingungen – Stimmungen, Denkweisen, Gewohnheiten – gibt, welche die eine Geschlechterposition innerhalb der sexuellen Begegnung oftmals privilegieren und es dem anderen Geschlecht, der anderen Hautfarbe o. Ä. erschweren, zu seinen Bedürfnissen zu stehen, sie entwickeln und äußern zu dürfen. Natürlich ist hier zuerst an Situationen zu denken, in denen Frauen den Mechanismen einer patriarchalen Gesellschaft ausgesetzt sind. Aber solche Machtkritik ist auch hilfreich für männliche Lebenswelten: In einer patriarchal geprägten Imagination von Sexualität unterliegen Männer dem Druck eines vermeintlich naturgegebenen Äußerungsschemas ihrer männlichen Sexualität. Abweichungen vom Leistungsprinzip, das ein scheinbar so eindeutiges Skript für jede sexuelle Begegnung und die männliche Rolle darin vorgibt, gelten schnell als unnormal und widernatürlich.

Diese Bemerkungen machen unmittelbar einsichtig: »Gender« als ein Fokus für die Anteile der sozialen und kulturellen Konstruktion von Geschlecht und geschlechtlicher Identität ist eine notwendige Kategorie! Dass vor allem aus kirchlichen und rechtspopulistischen Kreisen hierzu derart abwertende Kommentare (»Gender-Gaga«) geäußert werden, ist beschämend und einfältig. Geschlechtliche Identität wird in sozialer Interaktion mitgebildet und deswegen gibt es, ohne damit gewisse biologische Regelmäßigkeiten zu leugnen, nur das je besondere Menschsein und nicht ein allgemein-abstraktes, dem dann unversehens und *pars pro toto* ein nicht weiter als Besonderheit gewürdigtes Mannsein untergeschoben wird. So eine Haltung verletzt alle und wird keinem gerecht.

Und schließlich zur Frage aller Fragen: Gehören Sex und Liebe notwendig zusammen? Ich möchte gerne differenziert antworten. Zunächst möchte ich die Frage abgrenzen von der in der kirchlichen Sicht so selbstverständlichen, exklusiven Verknüpfung von sexueller Praxis und einer lebenslangen Beziehung. Das ist ein formaler Ansatz, der vielleicht von pragmatischem Nutzen ist, aber keine wirkliche Antwort enthält. Ich möchte dem einen qualitativen Ansatz entgegensetzen: Ja, ich glaube, Sex wird zur reinen Technik, wenn nicht ein tieferer Blick für den anderen oder die andere mit im Spiel ist. Man kann sich einander auch einfach Lustspender sein – und ich würde sagen, es gibt Phasen im Leben, da ist das auch legitim. Phasen der Dürre, in denen es wichtig ist, sich selbst wieder zu spüren, oder Phasen, in denen wir so etwas wie eine sexuelle Alphabetisierung zu lernen haben. Die ist notwendig, um sich seiner selbst sicher und sexuell »sprachfähig« zu werden. Aber es sind Phasen. Bleibt es langfristig bei Beziehungen, in denen die Lustbefriedigung der einzige Zweck ist, fällt der Aspekt von Begegnung unter den Tisch. Dann nehme ich vom anderen nur den Körper und trenne ihn von allem, was dieses Gegenüber sonst ausmacht. Als elementare Ausdrucksweise ist die Sprache des Sexes aber auf ein Gegenüber orientiert. Miteinander zu sprechen, und sei es mit unseren Körpern, ist eine Praxis der Gemeinschaft. Und die sollten wir suchen und pflegen.

Grundhaltung 4: Verpflichtet bleiben!
Ernstfall Trennung

Theologie und Kirchen denken gerne vom Gelingen her. Der Glaube wird als eine Kraft gesehen, die Menschen zu Großem befähigt, und das verkündigte Heil soll Zuspruch sein, der aus Halbem Ganzes werden lässt. So weit, so gut. Was aber, wenn Dinge nicht aufgehen, wenn sich Grenzen und Bruchstellen zeigen, wenn Menschen stolpern, sich korrigieren, neu beginnen müssen? Über welche Deutungsangebote verfügen Religion und Glaube in solchen Situationen?

Diese Fragen stellen sich beim Thema Liebe und Beziehung in besonderer Weise. Denn es tut sich eine Kluft auf: Dafür, dass Beziehungen zustande kommen und wie sie im Rahmen der Ehe eine Form finden können, wird im Christentum seit Jahrhunderten große Aufmerksamkeit aufgebracht. Dass Beziehungen aber auch auseinandergehen können und dies heute mehr denn je der Fall ist, fällt demgegenüber beinahe unter den Tisch. Allein schon deswegen, weil es eine heute so häufig vorkommende Lebensrealität für viele Menschen ist, sollten Theologie und Kirchen hierzu ihren Fokus schärfer stellen, als es bislang der Fall ist.

Das subjektive Empfinden vieler Menschen im Trennungsfall ist es, auf eine Weise gefordert zu sein, die sie zuvor kaum kannten. Sie müssen sich selbst vergewissern: Was ist passiert? Wie kam es dazu? Wohin will ich gehen und welche Kräfte habe ich dafür? Viele empfinden das als sehr herausfordernd und manchmal auch überfordernd. Wer hindurchgeht, kann so etwas erleben wie ein »Neu-geboren-Werden«, aber es kann auch in Isolation und Verbitterung führen, in eine Schleife aus Trauer und Selbstzweifel.

Einer christlich motivierten Ethik muss es meiner Meinung nach in erster Linie darauf ankommen, dass Menschen in solchen Krisensituationen sie selbst bleiben: dass sie die Krise annehmen, sich selbst genau anschauen, bedenken können, was daraus zu lernen ist, und dann allmählich neue Schritte des Wachstums und neuen Lebens gehen. Eine christliche Ethik von Liebe und Beziehung sollte also person-orientiert und nicht zweckgeleitet vorgehen. Ihr sollte es nicht zuerst darauf ankommen, einen bestimmten Beziehungsstatus um jeden Preis zu erhalten, sondern ihr sollte am Wohl und an der spezifischen Verantwortung der betroffenen Personen gelegen sein.

Zunächst bedeutet das, Menschen darin zu unterstützen, dass sie sich in ihrer vielleicht bis dahin schwersten Lebenskrise nicht einigeln und isolieren, sondern – nach einer gewissen Zeit – die Krise als Schritt für eine vielleicht längst anstehende Entwicklung und Transformation begreifen können. Das geschieht nicht von selbst, sondern bedarf eines bewusst initiierten und vielleicht auch spirituell oder psychologisch begleiteten Prozesses. Die Erfahrung lehrt, dass viele Getrennte zwar die Kraft zur Trennung aufbringen, dann aber – auch wenn der Impuls zur Trennung vom ehemaligen Partner oder der Partnerin ausging – in alten Mustern verfangen bleiben und »regredieren«, also in neuen Beziehungen wiederum in die alten, problembehafteten Muster zurückverfallen.

Eine Trennung ist so etwas wie ein Ernstfall für die Verantwortung, die sich aus der eigenen Lebensgeschichte ergibt. Treu und verpflichtet habe ich zu bleiben gegenüber der von mir begonnenen Geschichte, den von mir auch vor der Trennung bekundeten Werten. In Gestalt der Kinder wird eine solche Verpflichtung »leibhaftig« und fordert mich lebenslang. Eine christliche

Ethik ist in solchen Fragen bisher nahezu sprachlos, obwohl die Menschen, die sich in solchen Situationen befinden, auf Hilfe und Orientierung dringend angewiesen sind. Wie viele getrennte Paare vermengen die Frustration über die nicht aufgegangenen Lebenspläne auf eine ungute Weise mit Fragen zur Ausgestaltung des Kindeskontaktes nach der Trennung! Dass das passiert, ist sogar verständlich und es zeigt die immense Herausforderung für die getrennten ehemaligen Partner. Es ist eine emotionale Achterbahnfahrt: der ständige Wechselschritt zwischen der Notwendigkeit, jenseits der ehemaligen Partnerschaft sich selbst neu zu finden, und der Herausforderung, eine nunmehr zweigleisige Eltern-Kind-Beziehung wachsen zu lassen, welche dem gerecht wird, was die Kinder in ihrer Entwicklung so dringend benötigen: einen unverstellten, konkurrenzlosen und natürlichen Kontakt mit ihren beiden geliebten Elternteilen.

Hier stelle ich eine provokante Frage: Wo und von wem wird das Ethos des Christentums in solchen Situationen denn heute artikuliert? Ein Ethos, das einen gerechten und in seiner Gerechtigkeit barmherzigen Gott verkündet, der am konkreten Schicksal jedes einzelnen Menschen interessiert ist, an den sich Menschen wenden dürften, wenn sie in größter Not sind? Das Dramatische ist doch: Wem der christliche Glaube etwas bedeutet, für den ist in solchen existenziellen Ausnahmesituationen, zu denen die Trennung aus einer Lebenspartnerschaft mit Sicherheit zählt, der Glaube oft die entscheidende Stütze, die dabei hilft, in den schwierigsten Momenten und im Ringen um die richtige Entscheidung überhaupt bis zum nächsten Tag zu kommen. Und ausgerechnet da sagt die religiöse Institution: Das ist nicht vorgesehen! Mit spitzen Fingern fasst sie an, was Menschen existenziell durchleben müssen.

Indem sie an Idealen festhält, vernachlässigt sie jene Situationen, in denen Ideale nicht aufgehen. Durch ihr naturrechtlich imprägniertes Denken zur Verbindung von Mann und Frau kennt sie nur eine einzige legitime Möglichkeit, intime und vor Gott gelten könnende sexuelle Bande einzugehen, nämlich innerhalb der heterosexuellen Ehe, die lebenslang Bestand hat. Alles, was diesen ihren Goldstandard unterläuft, kann die Kirche deshalb nur irgendwie verschämt behandeln, mit einem Seitenblick, weil man ja dann doch feststellen muss, dass es diese Realität gibt. Sich zu trennen, ist nicht vorgesehen. Und so bleibt nur so etwas wie »pastorales Mitleid«, das die Kirche als Institution hierfür freimachen kann und wogegen viele Seelsorger:innen »anarbeiten« müssen, weil sie persönlich durchaus sensibel für diese Blickfeldverengung sind. Eine christliche Ethik von Liebe und Beziehung muss aber auch eine Ethik der verantworteten Trennung sein! Es braucht Unterstützung, wenn Menschen sich fragen, ob sie beieinanderbleiben sollen und wie das möglich sein kann. Und es braucht Orientierung und Hilfe, wenn sie zu dem Schluss kommen, nicht beieinanderbleiben zu können. Das schließt den Fall ein, dass eben diese Entscheidung nicht gemeinsam geteilt wird, sondern zwei Sichten auf die Beziehungswirklichkeit nebeneinanderstehen.

> *Der HERR ist barmherzig und gnädig, langmütig und reich an Huld.*
> *Er wird nicht immer rechten und nicht ewig trägt er nach. Er handelt an uns nicht nach unsern Sünden und vergilt uns nicht nach unsrer Schuld.*
>
> (Psalm 103,8-10)

Hinter einer christlich motivierten Ethik steht eine Theologie. Man kann vom Christentum kein Ethos für Liebe, Beziehung und Trennung erwarten, wenn seine Theologie Trennung gar nicht denken kann. Deshalb stellt sich am Ende die Frage nach der Ehetheologie. Die Herausforderung besteht darin, das Besondere eines Liebesbundes denken und – mit den Möglichkeiten eines sakramentalen Denkens – würdigen zu können, aber dabei die Realitäten des konkreten Beziehungslebens nicht außer Acht zu lassen: dass Ehen zerbrechen können, dass Menschen sich aber auch in einer neuen Partnerschaft verbindlich einlassen möchten, dass Liebe nicht nur den Angehörigen des anderen Geschlechtes gelten kann, dass Menschen sich sexuell vor der Ehe erfahren möchten – und auch sollten, weil das nötig ist, damit sie in ihrer verbindlichen Beziehung einmal nicht sexuell sprach- und damit begegnungsunfähig sein werden.

Die Herausforderung, die hinter diesen Lebenswirklichkeiten steht, sollten Kirchen und Religionsgemeinschaften annehmen, und sie sollten Antworten dafür entwickeln. Ein Gott, der selbst Mensch wird, sich dem Scheitern aussetzt, der nach den biblischen Zeugnissen nicht müde wird, selbst neu anzufangen und neue Anfänge seines oft so wankelmütigen Volkes Israel seinerseits anzunehmen, scheint eine solche Theologie von Bruch und Neubeginn doch möglich zu machen!

Grundhaltung 5: Sexualmoral – what? Worüber man nicht reden muss

Blicken wir zurück. Ich hatte zu Beginn davon erzählt, wie seltsam mir das Format anmutet, das im Christentum so lange genutzt wurde, um die Themen zu behandeln, um die es hier geht. Die Unterschiede springen ins Auge: Einer »Sexualmoral« ging es lange Zeit vor allem darum, die als befremdliche und gefährliche Macht empfundene Sexualität engmaschig zu kontrollieren. Sexualtechniken, -stellungen und -praktiken wurden in den moraltheologischen Handbüchern detailliert beschrieben und dargelegt, was nun unter welchen Umständen »zulässig« (sehr weniges) und was verboten und unangemessen (sehr vieles) sei. Im Hintergrund stand eine eingeschränkte Sicht auf die Sexualität: Fortpflanzung und vor allem die biologische Fruchtbarkeit waren der Grund, sich dann doch irgendwie mit der Sexualität arrangieren zu müssen.

Mit der Zeit gab es zwar eine gewisse Erweiterung dieses Denkens und mehr und mehr wurde und wird auch über die »Liebe« gesprochen. Aber diese Öffnung erscheint halbherzig, weil als Leitbild im Hintergrund doch das Ideal der als sakramental gedachten christlichen Ehe steht und von dorther viele Erfahrungsfelder schlicht nicht in den Blick kommen. Kirche und Christentum brennen für die Frage, wie denn vollgültige eheliche Verbindungen zustande kommen. Viel weniger sind sie daran interessiert, wie menschliche Liebe überhaupt verstanden werden und vor allem gelebt werden kann und welch hohen Wert die Veranlagung des Menschen als sexuell empfindungsfähiges Wesen hat.

Mir war es deshalb wichtig, innezuhalten und neu einzusetzen. Dabei geht es mir gar nicht darum, besonders originell zu sein oder das Rad neu zu erfinden. Ich möchte einfach das in den Vordergrund stellen, was dem christlichen Glauben doch ein Anliegen ist: den Menschen in seiner konkreten Wirklichkeit zu sehen und zum Ausgangspunkt zu nehmen für alle Bemühungen um ethische Orientierung. Das erscheint mir als die unmittelbare und notwendige Konsequenz aus einer Glaubensüberzeugung mit einem Gott, der selbst Mensch geworden ist. Der Kern der Überlegungen, die in diesem Buch versammelt sind, findet sich genau hier, in dieser Frage, die wir immer wieder zu stellen haben: Wie sollten wir den Menschen angemessen verstehen – als ein Wesen, das sich als Geist, Seele und Leib wahrnimmt; das sich in kulturellen und sozialen Kontexten erlebt und von diesen entscheidend geprägt wird; das immer wieder seine Grenzen, Abhängigkeiten und seine Verletzlichkeit kennenlernen muss, das aber zutiefst in sich den Drang verspürt, darüber hinauszugreifen und seine Enge zu sprengen. Mit einem Wort: Ein solches Verstehen des Menschen ist dynamisch, indem es davon ausgeht, dass Wandlungsfähigkeit und Entwicklung zuinnerst das ausmachen, was man »menschlich« nennt.

Wenn ich mit diesen wenigen Sätzen nochmals zusammenfasse, was der rote Faden in diesem Buch ist, wird deutlich, dass wir von »Sexualmoral« in einem traditionellen Sinne nicht mehr reden können. Denn wenn wir den Menschen als veränderliches und den Entwicklungen und Prägekräften in Gesellschaft und Geschichte ausgesetztes Geschöpf verstehen, kommt es darauf an, zu schauen: Wo setzt seine Verantwortung an und wie können Menschen ihren je individuellen Weg in ihrer Zeit bestmöglich beschreiten? Es kann aber gerade nicht darum gehen, von vermeintlich objektiven Maßstäben her – top down – Sexualität zu definieren und dafür fixe Gesetzmäßigkeiten aufzustellen. Das gilt umso mehr, als alle bisherigen Überlegungen es auch verbieten, Sex als eine isolierte »Sache« zu verstehen und sie dann als eine spezielle Fertigkeit oder Technik zu behandeln, für die es so etwas wie eine Gebrauchsanweisung gäbe …

Viel mehr als von einer *Ethik* der Sexualität möchte ich deshalb auch von einem *Ethos* sprechen. Es ist ein kleiner Unterschied, der mir an dieser Stelle aber entscheidend scheint. Während eine Ethik darum bemüht ist, konkrete Handlungsregeln und -normen zu formulieren, geht es beim Ethos mehr um die Haltung und Einstellung, aus der heraus Menschen handeln. Ein Ethos ist sozusagen vorgängig, so etwas wie ein nahrhafter Boden, aus dem überhaupt erst die Triebe des konkreten ethischen Verhaltens und dessen Regeln erwachsen und sprießen können. In den Zwischenüberschriften dieses sechsten und letzten Kapitels ist deshalb auch von »Grundhaltungen« die Rede, nicht etwa von »Grundregeln«. Haltungen sind größer und umfassender als Regeln, auch wenn sie diese nicht ersetzen können und sich ein Ethos auch in bestimmten Regeln – aber eben nicht nur darin – manifestieren kann.

Ich schlief, doch mein Herz war wach. Horch, mein Geliebter klopft: Öffne mir, meine Schwester, meine Freundin, meine Taube, meine Makellose, denn mein Haupt ist voll Tau, aus meinen Locken tropft die Nacht! Ich habe mein Kleid schon abgelegt – soll ich es wieder anziehen? Meine Füße habe ich gewaschen – soll ich sie wieder beschmutzen? Mein Geliebter streckte die Hand durch die Luke; da bebte mein Herz ihm entgegen.

(Hohelied 5,2-4)

Die Einsichten, die der Gang der Reflexion erbracht hat, zeigen nun auch, worüber man aus einer christlichen Sicht beim Thema Sexualität reden und worüber man lieber schweigen sollte. Das größte und wichtigste aller Themen liegt doch auf dem Tisch: Es ist die lebenslange und existenzielle Herausforderung und Frage, wie es gelingen kann, eine liebende Beziehung zu einem anderen Menschen zu führen, die von intimer Nähe, Fürsorge und Verantwortung geprägt ist. Eine solche Beziehung wird, wenn sie aufrichtig und authentisch gelebt wird, von selbst auf irgendeine Weise »fruchtbar« sein. Ob das in Form von Kindern ist, in Gestalt einer mitteilenden, offenen Lebenshaltung oder indem solche Liebe einfach ausstrahlt und andere anstiftet und inspiriert, mit anderen Worten: Zeugnis ist dafür, was Menschen füreinander sein und bedeuten können.

Wenn das im Mittelpunkt steht, ordnet sich anderes von selbst. Einige seiner tragenden Begriffe, mit denen sich das Christentum bis heute die Lebensrealität von Sex und Liebe erschließt, können getrost und definitiv zu den Akten gelegt werden. Etwa der Begriff der »Keuschheit«, mit dem im aktuell gültigen Weltkatechismus dargelegt wird, weshalb es keinen Sex vor der Ehe, keinen Solo-Sex und schon gar keine Homosexualität geben soll.[38] »Gott im Himmel!« – möchte man ausrufen ... Wie klein macht sich ein Glaube, der ansonsten so groß vom Menschen als dem zu Verantwortung und Freiheit fähigem Geschöpf denkt, wenn hier eine Verbotslogik mit biologistischen Prämissen vorherrscht, die nicht mehr zu verteidigen sind: dass der heterosexuelle »Akt« das ausschlaggebende Siegel für eine Liebesverbindung sei, dass das nur in Gestalt der Ehe einen Platz habe und nur dann als Zeichen für den Gottesbund mit den Menschen gelten könne ...

Es ist klar, dass auf der Basis eines solchen Denkens sehr viele Lebens- und Liebesformen schlicht gar nicht in den Blick genommen oder negativ bewertet werden. Wie aber wäre es, Vertrauen in die Kompetenz des Menschen zur eigenen Lebensführung zu setzen? Natürlich gehört es zur menschlichen Erfahrung, auch mal in die Irre zu gehen und sich zu korrigieren. Erst dadurch kann man doch lernen, was es heißt, verantwortlich zu handeln. Die sogenannte Sexualmoral des Christentums ist über weite Strecken das, was man eine »Helikoptermoral« oder auch eine »Bewahrpädagogik« nennen kann. Sie mutet es den Menschen nicht zu, dass sie ihre eigenen Erfahrungen machen und dann einen eigenen, selbstverantworteten Handlungsstil entwickeln. Die Realität sieht natürlich anders aus: Menschen lassen sich nicht mehr von den Verboten einer kirchlichen Lehre gängeln. Sie leben ihre Leben, und das in der Regel nach bestem Wissen und Gewissen. Es sind die Kirche und Religion, die sich davon verabschiedet haben. Sie verzichten darauf, begleitend da zu sein, wo die Menschen heute sind, und konzipieren das, was sie zu diesen Themen zu sagen haben, von den möglichen Gefährdungen und Risiken her, nicht vom Potenzial.

Was könnte eine veränderte Haltung in Bezug auf die oben genannten drei Themen konkret bedeuten? Einige grundsätzliche Aussagen müssen hier genügen. Zum einen: Lassen wir unsere Kinder aktiv spüren, dass es auch in Fragen von Sex und Zärtlichkeit so etwas wie einen Lernweg – auch und gerne vor der Ehe! – gibt, dass man diesen Weg nur selbst beschreiten und erproben kann, und dass sich so etwas wie ein »sexuelles Erwachsenwerden« entwickeln sollte, um sich auf dem Lebensweg der Liebe kompetent und verantwortungsvoll bewegen zu können.

Zum anderen: Selbstbefriedigung kann auch Selbstfürsorge sein. Sie eröffnet einen Raum, in dem Platz ist, um sich selbst als begehrendes Wesen kennenzulernen. Sie schult Körperwahrnehmung und kann darin unterstützen, den eigenen Körper zu spüren und als Körper zu »sprechen«. Niemals wird Selbstbefriedigung wohl die sexuelle Erfahrung mit einem anderen Menschen ersetzen, aber gerade wegen dieser Vorläufigkeit kann man ihr auch einen Wert zuerkennen.

Und schließlich – Homosexualität: Wo Menschen sich lieben und diese Liebe in allen Dimensionen in ihrer Beziehung bezeugen können, kommt es auf die Verteilung der Geschlechter-karten in solchen Beziehungen nicht an! Denn das Zeugnis von Liebe spricht für sich selbst. Es ist fruchtbar, auf eine Weise, die nicht in der Währung biologischer Fortpflanzungsfähigkeit ge-messen werden darf. Punkt. Mehr muss man dazu nicht sagen.[39]

Schluss: Gott ist die Liebe

Christentum und Liebe – da glühen die Drähte, so könnte man ein bisschen salopp formulieren. Denn dieser Glaube hat einen Gott zum Zentrum, der genau so beschrieben wird: Gott *ist* die Liebe. Im ersten Johannesbrief des Neuen Testaments finden sich die entscheidenden Worte:

> »Geliebte, wir wollen einander lieben; denn die Liebe ist aus Gott und jeder, der liebt, stammt von Gott und erkennt Gott. Wer nicht liebt, hat Gott nicht erkannt; denn Gott ist Liebe. Darin offenbarte sich die Liebe Gottes unter uns, dass Gott seinen einzigen Sohn in die Welt gesandt hat, damit wir durch ihn leben.« (1 Joh 4,7-9)

Gott selbst also ist als Liebe zu verstehen. Aber wie ist das zu übersetzen? Die Theologie hat darauf folgende Antwort: Dass Gott »Liebe« ist, bedeutet, dass sich dieser Gott *frei* und *restlos* selbst mitgeteilt hat. Also: Gott wird nicht durch anderes dazu veranlasst, seine Schöpfung und sein Geschöpf, den Menschen, zu lieben. Dieser Gott gibt sich dem Menschen von sich aus, spontan, um des jeweils individuellen, unverwechselbaren, einzigartigen Menschen willen. Und Gott gibt sich seiner Schöpfung restlos, das bedeutet: ohne Vorbehalt, ohne Bedingung, ohne Exit-Option. Dieser Gott lässt sich ein. Dieser Gott will da sein, ganz und entschieden – und er wartet darauf, dass Menschen das annehmen und darauf antworten.

Starke Aussagen sind es, die der christliche Glaube da macht. Von unglaublicher Stärke und Kraft, gerade weil sie an dem ansetzen, was wir Menschen auch in uns selbst empfinden, es erstreben, als Vision immer wieder vor Augen haben – und mitunter daran scheitern: lieben zu können, ganz, entschieden und aus freien Stücken. Dass dieser in den biblischen Texten und Geschichten erzählte Glaube sich also in einer irgendwie besonders elektrisierenden Weise für das menschliche Lieben und dessen Risiken und Chancen interessiert, liegt auf der Hand.

Glaube, Liebe und Sex haben also etwas miteinander zu tun. Mit einem Wort und in Anschluss an den Beginn dieses Buches möchte ich es so formulieren: Es geht jeweils ums Ganze! Zu lieben, das ist in dieser Welt Wagnis und Risiko: Wer liebt, wagt es, diese gebrochene Welt mit ihren Grenzen zu übersteigen, gerade in ihrer Begrenztheit symbolhaft und ansatzweise zu öffnen auf das hin, was sie sein *könnte* – als eine wieder ganz gewordene, eine wirklich gerechte, eine versöhnte Welt. Dem Glauben an den biblischen Gott geht es um nichts anderes! In der Liebe versuchen wir, diese Vision ein Stück weit konkret werden zu lassen, sie zu leben und damit sichtbar zu machen: Ohne den größeren, den weiteren Horizont wäre diese Welt nichts anderes als Größenwahn und Buchhalterei, Projektionsfläche eines verzweifelten »Immer-Mehr«, aber ohne den Geschmack dessen, was wir auch wirklich als »gut« bezeichnen würden. Im zwischenmenschlichen Maßstab der Liebe holen wir aus und das Unendliche ins Endliche hinein. Zumindest für Momente, für eine Strecke lang, so weit uns unsere Kräfte tragen.

Und dann wird dieser Gott auch noch Mensch. Und zwar: »Wahrhaft Mensch und wahrhaft Gott«, wie es das Konzil von Chalzedon im 5. Jahrhundert festgestellt hat. Wenn das so ist, dann kann die Dimension der Leiblichkeit – Körper, Sex und Begehren – nicht als etwas Zweitrangiges oder Problematisches angesehen werden, wie es sich in der weiteren Theologiegeschichte und auch in der bürgerlichen Kultur immer mehr etabliert hat. Gott wird Mensch – aber nicht am Leib vorbei, sondern gerade mittels eines leibhaftigen Menschen, Jesus von Nazareth. Und wenn Jesus ganzer Mensch war, dann wird er das gekannt haben: sich zu verlieben, zu begehren, vielleicht auch enttäuscht zu werden in seinem Lieben. Ja, Jesus hat alle Menschen, denen er begegnete, geliebt, so heißt es. Und damit wird auch etwas Entscheidendes ausgedrückt. In Jesu Existenz drückt sich Gottes Entschiedenheit für jeden Menschen aus – Jesus, so erzählen es uns ja die Gleichnisse und Geschichten über ihn, macht keinen Unterschied und holt gerade die ins Blickfeld, die sich gesellschaftlich und kulturell im toten Winkel befinden: Zöllner, Aussätzige, Sünder:innen. Aber es ist doch blind anzunehmen, dieser Jesus, der ganzer Mensch und damit Mann war, habe nicht auch das gekannt, was die Erfahrung geschlechtlichen Mann-Seins mit ausmacht, nämlich die Energien liebenden Begehrens, die dem konkreten Gegenüber gelten! Es wäre ein theologischer Fehler, so zu denken.

Bei anderen Dimensionen der Leiblichkeit kennt das Christentum übrigens nicht so eine Scheu und Verklemmtheit. Schmerz und Verwundung, ebenfalls Zustände des menschlichen Körpers, stellen seit jeher eine Sprache für den Glauben bereit. Der am Kreuz leidende Jesus, die »Schmerzensmutter« Maria – dass unser menschliches Leid, in Krankheit und Sterben, aber auch in Krieg und Verwundung uns unmittelbar in einen Bezug führen können zu diesem Gott, der den sterblichen Menschen sieht und ihm Nähe und Beistand verspricht, ja, in Jesus selbst sich Schmerz und Sterben aussetzt, scheint etwas Selbstverständliches. Die ganze Frömmigkeitsgeschichte gibt davon Zeugnis.

Aber ist es nicht seltsam, dass eine andere Dimension des menschlichen Körpers, das Begehren, nicht eine ähnliche Karriere gemacht hat? Wo doch die Bibel selbst – etwa im Hohelied der Liebe des Alten Testaments – eben dieses sexuelle zwischenmenschliche Begehren für wert und angemessen erachtet, um damit Gott und das Verhältnis des Menschen zu seinem Gott zu beschreiben? Ich wundere mich darüber und glaube, dass die Kirchen viel daran getan haben, diese so zentrale Dimension des Menschseins im Laufe von Jahrhunderten immer mehr an den Rand zu rücken und darin eine angeblich gefährliche Quelle zur Destabilisierung von Kultur und Gesellschaft zu erkennen. Am Ende haben sie es geschafft, blind zu werden für die vielen Verbindungen zwischen christlichem Glauben und begehrender Liebe.

Liebe ist ein Aggregatzustand, der labil und energetisch zugleich ist, der Dürrephasen kennt und institutionalisierter Gehhilfen bedarf, der aber nicht allein durch solche Arrangements gefasst werden kann. Ethik und Poetik gehören zusammen, so hat es der französische Philosoph und protestantische Christ Paul Ricœur formuliert. Für kein Lebensfeld gilt das vielleicht so sehr wie für das Lieben ... Kirche und Christentum haben sich oftmals zu sehr darauf beschränkt, das juridisch gefasste Institut der christlichen Ehe als eine solche institutionelle »Gehhilfe« darzustellen. In Vergessenheit gerät damit, dass die Ressourcen des Glaubens an den biblischen Gott eine tiefe Quelle sein können, aus denen das zwischenmenschliche Lieben schöpfen kann, was den unendlichen Anspruch der Liebe, seine menschlichen Grenzen und seine unendlich vielfältigen Ausdrucksmittel und -formen anbelangt. Rückt das in den Fokus, ist nicht das Be- und Verurteilen der erste Modus einer religiös inspirierten Sicht auf Liebe und Begehren, sondern das Ermöglichen, das Bestärken und Anerkennen. Und eben auch Trost und Aufrichtung bei dem, was wir so schnell das Scheitern der Liebe nennen.

Eine der Kapitelüberschriften in diesem Buch lautete: »Miteinander im warmen Regen wachsen«. Damit soll zur Sprache kommen, dass liebendes Begehren zu einem Kraftort werden kann, zu etwas, woraus Menschen schöpfen, um weiterzugehen. Kraft und Schwäche, Energie und Erschöpfung, Heil und Verwundung liegen oft so eng beieinander, und genau darin zeigt sich etwas Wesentliches menschlicher Existenz. Sex und das Begehren, das zwei Menschen miteinander in Berührung bringt, sind so etwas wie eine Signatur dieser Dimension des Menschseins: Wir sind berührbare und gerade in der intimsten Berührung verletzbare Wesen. Wir können über uns hinauszielen und uns dem oder der anderen vorbehaltlos öffnen, für einen Moment, für eine Strecke lang – bevor wir bemerken, dass wir auch für die eigenen Grenzen und Begrenzungen Sorge tragen müssen. In all dem suchen wir danach, ob und wie es einen gemeinsamen Weg geben könnte.

Im Sex erfahren wir uns »selbst miteinander«, sind – für einen Moment – vereint und verbunden, hinausgestreckt über uns und in der Sehnsucht, gemeinsam zu wachsen. Darin hat sexuelles Begehren etwas von dem, was die Religion »sakramental« nennt. Erde und Himmel wachsen zusammen, sie berühren sich. Es entsteht das Bewusstsein: Meine Welt und deine Welt könnten zu einer gemeinsamen Welt werden.

Anmerkungen

1 Den kulturgeschichtlich überlieferten Rahmen der Institution »Ehe« rekonstruiert und kritisiert Emilia Roig, *Das Ende der Ehe. Für eine Revolution der Liebe*, Berlin: Ullstein 2023.

2 Eva Illouz, *Gefühle in Zeiten des Kapitalismus*, Berlin: Suhrkamp 2004.

3 Liv Strömquist, *Ich fühl's nicht*, Berlin: Avant Verlag 2020.

4 Vgl. Christoph Breitsameter, *Liebe – Formen und Normen. Eine Kulturgeschichte und ihre Folgen*, Freiburg: Herder 2017.

5 Sucht man in der gegenwärtigen Theologie nach vertiefter Literatur zu christlicher Beziehungsethik und zu einer theologischen Auseinandersetzung mit dem Thema Sexualität, wird man eine gute Orientierung finden. Besonders Martin Lintner, Regina Ammicht-Quinn, Konrad Hilpert, Eberhard Schockenhoff oder Margaret Farley, aber noch viele andere mehr haben sich damit beschäftigt.

6 Vgl. online: https://editionf.com/mythos-der-perfekte-partner/ (Stand: 17.11.2023).

7 Die einschlägigen Aussagen des Konzils zum Verständnis der christlichen Ehe finden sich in der sogenannten Pastoralkonstitution *Gaudium et spes*, Nr. 48.

8 Matthias Altmann und Benedikt Heider, *Segensfeiern, Diversität, Frauenämter: Darüber stimmen die Synodalen ab. Überblick über die zentralen Texte bei der fünften Vollversammlung*, Katholisch.de, 08.03.2023. Online: https://katholisch.de/artikel/43944-segensfeiern-diversitaet-frauenaemter-darueber-stimmen-die-synodalen-ab (Stand: 17.11.2023).

9 Paul Ricœur, *Das Selbst als ein anderer*, München: Fink 2005.

10 Unter seinen zahlreichen Veröffentlichungen sei erwähnt: Thich Nath Tan, *Versöhnung mit dem inneren Kind. Von der Kraft der Achtsamkeit*, München: Barth 2011.

11 Diesen verhängnisvollen Zusammenhang habe ich in einem Buch zum Erneuerungsbedarf der katholischen Kirche ausführlicher beschrieben: Daniel

Bogner, *Ihr macht uns die Kirche kaputt … doch wir lassen das nicht zu!*, Freiburg i. Br.: Herder 2019.

12 *Kölner Stadtanzeiger* vom 11.08.2023, Interview mit Joachim Frank.

13 Vgl. Margaret Farley, *Verdammter Sex. Für eine neue christliche Sexualmoral*, Berlin: Theiss 2014. Das Buch erschien erstmals 2006 unter dem englischen Titel *Just Sex*.

14 Katherine Angel, *Morgen wird Sex wieder gut. Frauen und Begehren*, München: Hanser 2022 (2021).

15 Angel, S. 136.

16 Angel, S. 150.

17 Angel, S. 135.

18 Amia Srinivasan, *Das Recht auf Sex. Feminismus im 21. Jahrhundert*, Stuttgart: Klett-Cotta 2022.

19 Srinivasan, S. 201.

20 Angel, S. 29.

21 Angel, S. 155.

22 Angel, S. 91 f.

23 Angel, S. 91.

24 Seit dem Pontifikat von Papst Johannes Paul II. (1978–2005) gehört diese Redeweise immer wieder zur Programmatik päpstlicher Ansprachen.

25 Im Kern ist damit die Thematik von »Gender« berührt: Wodurch wird das geprägt, was wir uns unter »männlich« und unter »weiblich« vorstellen? Eine gute Einführung zu den religiös-kirchlichen Debatten um diesen Begriff bietet Margit Eckholt, *Gender studieren. Lernprozess für Theologie und Kirche*, Mainz: Grünewald 2017.

26 In letzter Zeit haben einige katholische Bistümer Ansprechstellen für Queer-Pastoral eingerichtet. Ob dies Schritte in die skizzierte Richtung sind, die auch Auswirkungen auf das kirchliche Selbstverständnis insgesamt haben werden, wird man erst nach einiger Zeit ermessen können.

27 Auf beeindruckend dichte und überzeugende Weise hat *Sandra Konrad* eine psycho-historische Analyse männlicher Herrschaft und weiblicher Anpassung vorgelegt, die auf diese und viele andere problematische »Kulturbotschaften« aufmerksam macht. Vgl. Sandra Konrad, *Das beherrschte Geschlecht. Warum sie will, was er will*, München: Piper 2019.

28 Der Begriff der Keuschheit ist im *Katechismus der Katholischen Kirche* das zentrale Stichwort im Kapitel über die Sexualität, zu finden im II. Teil (Die Zehn Gebote), ab Nr. 2337. Vgl. Online: https://www.vatican.va/archive/DEU0035/__P8B.HTM (Stand: 17.11.2023).

29 Dies hat Bruno Latour in seinem Essay zur Religion, in dem er den religiösen Glauben mit der Liebe vergleicht, auf wunderbare Weise ausgedrückt, wenn er sagt: Jemanden zu lieben bedeutet, es ihm oder ihr immer wieder neu zu sagen, mit je neuen Worten – weil das, worum es da geht, im wahrsten Sinne des Wortes so un-fassbar ist, dass es nicht mit einem Satz ausgesagt werden kann. »Stellen Sie sich einen Liebenden vor, der die Frage ›Liebst du mich?‹ mit dem Satz beantwortet: ›Aber ja, du weißt es doch, ich habe es dir letztes Jahr schon gesagt.‹« Vgl. Bruno Latour, *Jubilieren. Über religiöse Rede*, Berlin: Suhrkamp 2016 (2002), S. 39.

30 Dorothee Sölle, *Lieben und Arbeiten. Eine Theologie der Schöpfung*, München: Piper 2001.

31 bell hooks, *Alles über Liebe. Neue Sichtweisen*, Hamburg: HarperCollins 2021 (2001).

32 Andrea Newerla, *Das Ende des Romantikdiktats. Warum wir Nähe, Beziehungen und Liebe neu denken sollten*, München: Kösel 2023, S. 45.

33 Vgl. Newerla, S. 162.

34 Vgl. Newerla, S. 154.

35 Eine beeindruckende Kulturgeschichte der Freundschaft hat mein Fribourger Kollege Joachim Negel vorgelegt. Vgl. ders., *Freundschaft. Von der Vielfalt und Tiefe einer Lebensform*, Freiburg: Herder 2020.

36 Der Schweizer Sprachwissenschaftler Ferdinand de Saussure (1857–1913) hat dies mit seiner Unterscheidung von Kompetenz und Performanz der Sprache in seinen *Cours de linguistique générale* erörtert und damit einen Grundstein für die strukturalistische Sprachwissenschaft und Semiotik gelegt.

37 Vgl. Farley, S. 238 ff.

38 Vgl. *Katechismus der Katholischen Kirche* (KKK), ab Nr. 2337. Die »Verstöße gegen die Keuschheit« werden von Nr. 2351–2357 aufgeführt. Selbstbefriedigung, vorehelicher Sex und Homosexualität rangieren darin in einer Reihe mit Vergewaltigung, Pornografie und Prostitution.

39 Ich danke den theologischen Kolleg:innen, die sich hierzu in den vergangenen Jahren in beeindruckender Gründlichkeit und Klarheit noch viel ausführlicher geäußert haben. Meine wenigen Sätze verdanken sich ihren Studien und sind darum bemüht, diese in wenigen Worten auf den Punkt zu bringen. Vgl. insbesondere die Arbeiten von Stephan Görtz. Vgl. exemplarisch: Stephan Görtz (Hg.), »*Wer bin ich, ihn zu verurteilen?« Homosexualität und Katholische Kirche*, Freiburg: Herder 2015.

Literatur

Die Überlegungen dieses Buches verdanken sich vielen Quellen. Auf die wichtigsten davon ist bereits im Text verwiesen worden. Hier sind diese nochmals zusammengestellt.

Regina Ammicht-Quinn (Hg.), »*Guter*« *Sex. Moral, Moderne und die katholische Kirche*, Paderborn: Brill Schöningh 2013.

–, *Körper – Religion – Sexualität. Theologische Reflexionen zur Ethik der Geschlechter*, Mainz: Grünewald Verlag 1999.

Katherine Angel, *Morgen wird Sex wieder gut. Frauen und Begehren*, München: Hanser 2022 (2021).

Daniel Bogner, *Ihr macht uns die Kirche kaputt… doch wir lassen das nicht zu!*, Freiburg: Herder 2019.

Christoph Breitsameter, *Liebe – Formen und Normen. Eine Kulturgeschichte und ihre Folgen*, Freiburg: Herder 2017.

Stephan Görtz (Hg.), »*Wer bin ich, ihn zu verurteilen?*« *Homosexualität und Katholische Kirche*, Freiburg: Herder 2015.

Konrad Hilpert, *Ehe, Partnerschaft, Sexualität. Von der Sexualmoral zur Beziehungsethik*, Darmstadt: Wissenschaftliche Buchgesellschaft 2015.

Eva Illouz, *Gefühle in Zeiten des Kapitalismus*, Berlin: Suhrkamp 2004.

bell hooks, *Alles über Liebe. Neue Sichtweisen*, Hamburg: HarperCollins 2021 (2001).

Margit Eckholt, *Gender studieren. Lernprozess für Theologie und Kirche*, Mainz: Grünewald 2017.

Margaret Farley, *Verdammter Sex. Für eine neue christliche Sexualmoral*, Berlin: Theiss 2014. Das Buch erschien erstmals 2006 unter dem englischen Titel *Just Sex*.

Sandra Konrad, *Das beherrschte Geschlecht. Warum sie will, was er will*, München: Piper 2019.

Bruno Latour, *Jubilieren. Über religiöse Rede*, Berlin: Suhrkamp 2016 (2002).

Martin Lintner, *Christliche Beziehungsethik. Historische Entwicklungen – Biblische Grundlagen – Gegenwärtige Perspektiven*, Freiburg: Herder 2023.

Andrea Newerla, *Das Ende des Romantikdiktats. Warum wir Nähe, Beziehungen und Liebe neu denken sollten*, München: Kösel 2023.

Joachim Negel, *Freundschaft. Von der Vielfalt und Tiefe einer Lebensform*, Freiburg: Herder 2020.

Paul Ricœur, *Das Selbst als ein anderer*, München: Fink 2005.

Emilia Roig, *Das Ende der Ehe. Für eine Revolution der Liebe*, Berlin: Ullstein 2023.

Eberhard Schockenhoff, *Die Kunst zu lieben. Unterwegs zu einer neuen Sexualethik*, Freiburg: Herder 2021.

Dorothee Sölle, *Lieben und Arbeiten. Eine Theologie der Schöpfung*, München: Piper 2001.

Amia Srinivasan, *Das Recht auf Sex. Feminismus im 21. Jahrhundert*, Stuttgart: Klett-Cotta 2022.

Liv Strömquist, *Ich fühl's nicht*, Berlin: Avant Verlag 2020.

Thich Nath Tan, *Versöhnung mit dem inneren Kind. Von der Kraft der Achtsamkeit*, München: Barth 2011.

Dank

Dieses Buch ist zwar in einem Rutsch geschrieben worden, aber es hat einen längeren Vorlauf und die Ideen dazu mussten reifen. Ich konnte es schreiben, weil ich im Austausch mit anderen stehe und weil Erfahrungen mit anderen die Wurzel für weiteres Nachdenken waren.

Von Herzen danken möchte ich dem Team am Fribourger Lehrstuhl, wo wir seit vielen Jahren einen lebendigen, freundschaftlichen und kreativen Austausch pflegen. Besonders danke ich Dr. Elisabeth Zschiedrich, die das Manuskript kritisch gegengelesen und mit vielen Ideen und Vorschlägen zu seiner Verbesserung beigetragen hat.

Verbunden bin ich den Menschen, die ich liebe und im Lieben kennenlernen durfte – und denen, die mich geliebt haben und lieben.